어른이 되어
다시 만나는
# 철학

# 어른이 되어
# 다시 만나는
# 철학

김대근 지음

MIXCOFFEE

—

# 지금 우리에겐 제자백가 철학이 필요하다

살면서 한 번쯤 공자와 맹자, 노자와 장자에 대해 들어본 적이 있을 것이다. 교과서와 시험지에서 분명히 봤고 방송이나 책을 통해 똑똑히 들었을 테지만, 무슨 말을 했는지 생각나지 않는 철학자들 말이다. 공자의 인과 예, 노자의 무위, 장자의 자연, 맹자의 성선설, 순자의 성악설에 이르기까지, 대체 그 많던 기억들은 누가 다 앗아갔을까?

　이 책은 그렇게 뺏겼다고 착각하는, 그러나 실제로는 자발적으로 삭제시킨 그 기억들을 끄집어내기 위한 안내서다. 그런데, 왜

군이, 지금, 제자백가 철학자들인지 의아할 것이다. 그 이유를 말하자면, 낡아빠졌다고 여겨지는 그들의 생각이 오늘날 가장 필요한 것일 수 있다는 믿음에 있다. 그들 역시 각자의 삶을 위해 무던히도 애썼다.

춘추전국시대 제자백가에게 가장 중요했던 문제는 정치적 안정이다. 조금 과장해서 1년에 한 번씩 발생하는 전쟁으로 백성들의 삶이 피폐해질 대로 피폐해졌다. 임금이나 귀족 같은 지배층은 피지배층의 삶에 아무런 관심 없이 권력을 유지하고 욕망을 채우기에 급급했다. 오늘날과 별반 다르지 않은 모습이다. 제자백가는 그런 현실을 바꾸고자 노력했다.

제자백가가 정치적 안정을 이루기 위해 제시한 방향에는 크게 세 가지가 있다. 첫째, 지배층의 마인드를 바꾸는 것이다. 공자, 맹자, 순자로 이어지는 유가와 노자, 그리고 법가가 있다. 둘째, 정치로부터 완전히 떠나는 것으로 장자가 이에 해당한다. 셋째, 백성들을 위해 지배층에 맞서 싸우는 것으로 묵자가 있다. 그리고 살짝(?) 예외적인 명가가 있다.

오늘날을 살아가는 이들에게 닥친 문제들 역시 고대와 크게 다르지 않다. 문명은 발전하고 삶의 양상은 크게 변했지만, 인간이 살아가는 데 있어 중요한 것들은 여전히 같다. 무엇보다 경제적 부의 균등한 분배와 정치적 안정이 그렇다. 이 두 가지는 한 인간으로서 생명을 유지하고 떳떳하게 살아가게 해주는 기본적인 조건이다.

　현실의 삶은 지금 이 순간 일어나고 있기에 대비하기 어렵고 헤쳐나가기에도 막막하다. 고전을 공부하는 이유는 깊고 넓게 탐색하고 생각하는 방식을 배우고 익혀, 뜻하지 않게 주어진 문제를 해결하기 위한 해답을 찾는 데 있다. 지금 다시 오래된 철학을 꺼내든 이유도 지금의 나와 세상에 대해 진지하게 생각해보기 위해서다.

　비록 제자백가 철학자들이 모든 걸 해결해주진 못하고 모든 문제에 답을 주진 못하겠지만, 그들의 생각과 실천에서 분명 배울 점이 많을 것이다. 제자백가에겐 그들 나름대로 당면한 현실의 문제들이 있었고, 이를 해결하고자 다양한 해답을 제시했다. 그들의 생각과 실천을 현실에 적용시켜 보면 더 넓은 시야에서 삶을 바라볼 수 있을 테다.

　소크라테스, 플라톤, 아리스토텔레스, 데카르트, 칸트, 콩트를 비롯한 철학자들과 빅토르 위고, 조지 오웰과 같은 소설가들이 등장해 제자백가와 대담을 펼치는 게 이 책의 특장점이기도 하다. 동서고금 철학의 대향연 속에서 제자백가의 문제의식이 더욱 또렷하게 드러나고 현대적 의미로 재탄생하도록 노력했다.

　한편, 이 책은 그동안 살던 방식 그대로 살아온 자신을 발견한 사람들에게도 유익하다. 운이 좋으면 제자백가의 생각에서 '내가 살아보고자 했던 세상'과 '내가 지켜내고자 했던 가치'를 발견할 수 있을지 모른다. 그렇지 않더라도 어느 순간 '생각하는' 자신을 발견할 수 있을 것이다. 철학의 목적은 결국 '생각하는 인간'에 있으니까 말이다.

나 또한 그 생각을 따라 여기까지 왔다. 내가 고민했던 두 가지는 '나는 누구인가?'라는 물음과 '인간은 왜 늘 갈등하고 다투며 살아가는가?'라는 물음이었다. 하나는 나 자신에게, 다른 하나는 세상에 던지는 물음이었다. 해답을 찾다 보니 이 책을 쓰기에 이르렀다.

어른이 되어 제자백가와 다시 만나는 이들에게 하고 싶은 부탁은, 지금 자신의 상황이 만족스럽지 못하더라도 세상을 탓하거나 억울해하지 말고 버티며 나아가면 좋겠다는 것이다. 다들 그렇게 어른이 되었고 아주 조금씩이나마 세상을 더 나은 곳으로 바꿔왔다. 그래서 지금의 우리가, 다음의 세상이 존재할 수 있음을 기억하길 바란다.

끝으로 집필이 늦어졌음에도 재촉 없이 기다려주신 출판사 대표님과 좋은 책이 나오게끔 애써주신 출판사 식구들, 그리고 일러스트로 책에 멋을 더해주신 이유정 작가에게 감사의 인사를 전한다. 많은 분의 노력으로 이 책이 탄생할 수 있었다.

김대근

차례

# 1장

# 조건 없이 남을 챙기고
# 아낀다는 것

## _공자

기원전 551년 태어난 공자는 유가의 창시자로 인과 예를 강조
했다. 뜻을 펼치기 위해 제자들을 이끌고 전국을 떠돌았으나
결국 실패하고 노나라에서 73세 나이로 생을 마감했다. 공자
의 행적과 그와 제자들 간의 문답을 담은『논어』는 인생의 교
훈이 간결하고 함축성 있게 드러냈다. 무엇보다 공자의 인간
적이고 솔직한 면모와 제자들을 사랑하는 마음을 느낄 수 있
어, 오늘날까지 수많은 사람에게 널리 읽히는 손꼽히는 고전
이다.

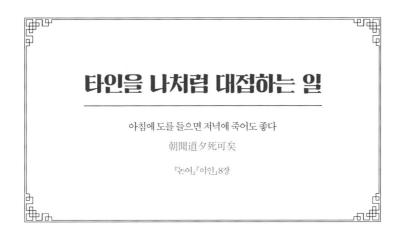

# 타인을 나처럼 대접하는 일

아침에 도를 들으면 저녁에 죽어도 좋다

朝聞道夕死可矣

『논어』「이인」8장

공자, 하면 떠오르는 게 '인'과 '예'다. 너무 자주 들어서 누구나 아는 내용일 수 있다. 그런데 인이 무엇이고 예가 무엇이냐 물으면 선뜻 대답하기 어렵다. 『논어』에서 공자는 인과 예를 칼같이 정의해 사용하지 않기 때문이다.

　오늘날의 소설이나 논리적인 글에 익숙해 있는 사람들에게 공자식 화법은 낯설 수 있다. 대화체로 쓴 『논어』는 기승전결과 같은 서사가 있는 게 아니어서 현대인이 바로 이해하기에 어려운 부분이 있다.

보통 '인'이라고 하면 '어질다' '인간다움' '사람을 사랑하다' 정도로 해석한다. 그런데 '어질다'는 기준은 무엇일까. '인간다움'이란 무엇일까. 무엇을 두고 '인간답다'고 말할 수 있을까. 사람을 사랑한다는 건 또 어떤 의미일까. 『성서』에 등장하듯 모든 인간을 사랑하라고 했던 예수의 말씀과 비슷한 걸까? 의문투성이다.

공자는 상황과 상대에 따라 인과 예를 설명했기 때문에 『논어』속 대화에서 인과 예의 개념을 유추해낼 수밖에 없다.

우선 공자와 제자들이 '인'에 대해 나눴던 이야기를 들어보자. 번지가 공자에게 인이 무엇인지 묻자, 공자는 "인은 어려운 일을 먼저 하고 성과는 나중에 받는 일, 사람을 아끼는 일, 평소 생활은 공경하고 업무 처리는 경건하며 사람을 대할 때는 진심을 다해야[忠] 하는 일이다."라고 대답했다. '충'은 보통 '충성'을 뜻하지만 여기에서는 뭇사람을 대하는 태도라는 점에서 본인의 진심을 다하는 것으로 볼 수 있다.

중궁이 인에 대해 묻자 공자는 대답했다. "문을 나서면 항상 큰 손님을 맞이하듯 하고, 백성을 부릴 때는 항상 큰 제사를 받들 듯해라. 내가 하기 싫은 것을 남에게도 하지 말거라. 그러면 나라에서도 집안에서도 원망을 들을 일이 없을 것이다." 이에 중궁이 대답했다. "제가 비록 영민하지 못하지만 그 말씀을 지키도록 노력하겠습니다." 자공이 "평생 동안 실천할 만한 한마디 말이 있으십니까?"라고 묻자 공자는 대답했다. "아마도 서(恕)일 것이다. 내가 하기 싫은 것을 남에게도 하지 말아라."

공자는 중궁에게 밖에 나가 사람들을 만나면 큰손님을 대하듯 하고, 백성에게 뭔가를 시킬 때는 큰 제사를 받들 듯 하라고 대답한다. 사람을 대할 때면 지위를 막론하고 깍듯하게 존중해야 그것이 곧 '인'이다. 겸손으로부터 비롯되는 행위다.

나 잘났다고 살아가는 게 아니라 나 이외의 사람들도 잘났고 또 모든 이를 한 인간으로서 똑같이 대우해야 한다는 공자의 신념이 드러나는 대목이기도 하다.

공자의 대답에서 널리 알려진 도덕적 지침인 '내가 하기 싫은 것을 남에게도 하지 말아라(己所不欲 勿施於人, 기소불욕 물시어인)'에 주목해보자. 좋은 인간관계를 유지하기 위한 가장 기본이 되는 마음가짐이다. 내가 하기 싫은 것을 남에게도 요구하지 않으면 갈등이 생길 이유가 없고, 그런 마음가짐이 있는 사람이라면 누군가에게 해코지할 리도 없다.

내가 원하는 건 남도 원한다고 볼 수도 있다. 내가 좋은 건 상대방도 좋아할 수 있고, 내가 갖고 싶으면 상대방도 갖고 싶을 수 있기 때문이다. 이는 오늘날 인간관계에도 여전히 유효하다.

'충'이 '자기의 진심을 다하는 것'이라면, '서'는 '나를 미뤄 남에게도 베푸는 것'이다. 자기의 마음을 다하는 동시에 타인의 마음을 헤아리는 일이고, 자기를 소중히 여기는 만큼 타인도 소중히 여기는 일이 공자가 말하는 '인'이다. 사람 마음이 다 비슷하기에 자신의 마음에 빗대어 상대를 이해하라는 의미이기도 하다.

'충'과 '서'로 드러나는 진심과 배려를 행하는 마음가짐을 통틀어 '인'이라고 부를 수 있다. '인'은 인간이 행할 수 있는 도덕, 교양을 모두 포함한다고 볼 수 있다. 공자는 조건 없이 남을 아끼고 챙길 수 있는 사람이 되길 바랐다.

**임마누엘 칸트** 공자님의 이야기를 듣고 있으니 제가 했던 생각과 유사한 점들을 발견할 수 있었습니다. 우선 개인의 행동을 누구에게나 적용할 수 있는 보편적 기준에 맞추라는 점입니다. 저는 "네 의지의 격률이 언제나 동시에 보편적 입법의 원리가 되도록 행위하라"라고 말했습니다.

**공자** 쉽게 말해, 내가 하고자 하는 행동이 윤리적으로 누구에게나 적용될 수 있도록 노력하라는 의미죠?

**임마누엘 칸트** 그렇습니다. 보편이라는 의미가 그렇죠. 행동의 기준이 자신의 개인적 판단에 따른 것이 아니라 누구나 해야 하는 윤리적 기준에 맞추라는 의미예요. 이렇게 하는 것이 과연 옳은지를 따져보며 행동해야죠. 그런 의미에서 '내가 하기 싫은 것을 남에게도 하지 말라'고 했던 공자님의 말씀이 인상 깊었습니다.

**공자** 저 역시 칸트님의 생각에 놀라움을 금치 못했습니다. 시기는 다르지만 생각에는 큰 차이가 없어 보이는군요. 사실 인간의

———— 공자

윤리란 이해하기 어려운 게 아닙니다. 서로 다치게 하지 않고 자신만의 이익을 챙기려 하지 않는 데서 출발하기 때문이죠. 그래야 모든 사람이 안전하고 평화로운 곳에서 어울려 살아갈 수 있습니다. 이것 이외에 더 대단한 윤리를 찾을 수 있을까요? 다만 실천하기 어려울 뿐이에요.

**임마누엘 칸트**  옳은 말씀입니다. 누구나 알지만 실천하기 어려운 게 윤리죠. 저는 인간이 어떻게 윤리적으로 생각하고 실천할 수 있을지에 대해 고민해왔습니다. 저는 인간이 가진 이성으로 가능하다고 봤습니다. 누구에게나 이성이 있고 누구나 이성을 활용할 수 있으니까요.

**공자**  저는 인간의 마음이 그렇다고 봤습니다. 태어날 때 인간은 정직하다고 생각합니다. 누구나 정직하니, 다시 말해 누구나 선하므로 인을 실천할 수 있다고 봤죠. 인의 실천이 곧 윤리의 실천에 해당하고요. 인을 실천하는 사람이 늘어나면 그만큼 세상은 좋아질 테죠.

**임마누엘 칸트**  그런 점에서 "네 자신에게나 타인에게 있어 인격을 언제나 목적으로 대우하고 수단으로 대하지 말라"라는 저의 생각이 공자님의 생각과 닮았음을 알 수 있었어요. 인의 실천이란 결국 타인을 나와 같은 한 인간으로 대우하는 일이니까요.

## ─ 도덕을 행하려는 굳센 의지

"아는 건 좋아하는 것만 못하고, 좋아하는 건 즐기는 것만 못하다."
─『논어』「옹야」 18장

공자에게 배울 수 있는 것 중 하나는 '목표 의식'이다. 여기서 즐긴다는 건 재밌다는 의미가 아니라 엄청난 압박감을 극복하고 피나는 노력을 통해 이룰 수 있는 경지다. 노력하는 자가 즐기는 자만 못하다는 건 즐기는 경지에 오르기가 그만큼 어렵다는 의미다. 하고자 하는 마음과 재미는 시작의 계기일 뿐 최고의 자리에 올려주는 결정적 원인은 아니다. 이를 악물고 노력하는 자세와 온갖 고난에도 버티려는 의지가 더 중요하다. 공자는 정말 굳센 사람이다.

공자는 주나라의 예법을 춘추시대에 되살리려 했다. 주나라의 예법을 공부하고 공부를 좋아했다. 사람을 좋아하고 관계를 중요시했다. 사람을 대하는 마음인 '인'과 사람을 사람답게 대하는 방식인 '예'를 통해 더 나은 세상을 만들고자 했다. 인과 예를 정치 이념으로 자리매김하고자 했다. 이상을 실현하고자 높은 관직에 오르려고 했다. 높은 벼슬에 올라야 자신의 생각을 정치 이념으로 채택할 수 있기 때문이다.

자공이 공자에게 물었다. "만약 널리 은혜를 베풀어 뭇사람을

20                                                          ── 공자

구제할 수 있다면, 어떻습니까? 인하다고 할 수 있습니까?" 공자가 대답했다. "어찌 인할 뿐이겠느냐? 필시 성인일 것이다! 요순 임금도 해내지 못했던 일이다! 인한 사람은 자기가 서고 싶으면 남도 세워주고 자기가 통하고 싶으면 남도 통해주는 것이다. 자기 입장에서 타인의 입장을 헤아리는 것이 인을 실천하는 방법이다." 공자는 뭇사람을 구제하는 일을 두고 요순 임금도 하지 못한 일이라며 흥분했다.

어찌 보면 공자의 말은 참 쉽다. 진중하게 살고, 나쁜 짓 좀 안하고, 타인도 고려하는 일이 뭐가 어려운가. 물론 '제대로' 실천하기는 어렵다. 자신이 서기 위해 남을 세우고 자기가 통하기 위해 남을 통하게 하고 자기를 미뤄 타인을 이해하는 것이 인의 실천인데, 모든 사람에게 그렇게 할 수 있다면 그래서 모든 사람이 그렇게 살아간다면 그것이야말로 가장 이상적이다. 하지만 대체 누가 그렇게 할 수 있을까.

모든 훌륭했던 사람이 그렇듯 공자의 각오는 대단하다. 삶에 연연하지 않는다. 인과 예 역시 그의 삶의 태도에서 비롯된 것이라고 볼 수 있다. 그는 "뜻 있는 선비와 인한 사람은 삶에 연연해 인을 손상시키지 않는다. 제 몸을 희생하더라도 반드시 인을 이룬다"고 했다.

불교에서도 자신의 삶을 바쳐 부처가 되는 걸 목표로 하듯 대체로 철학이나 종교에서는 이상향을 위해 자신의 모든 걸 거는 사람들이 있다. 그것에 다다라야 비로소 인간으로서 추구할 수 있는 모든 걸 이뤘다고 스스로 믿기 때문이다.

물론 공자는 70 평생을 노력했지만 끝내 원하던 자리에 오르지 못했다. 그럼에도 '사람이 알아주지 않아도 노여워하지 않는다'는 말처럼 그의 인생이 실패한 건 아니었다. 한때 3천여 명에 이르는 제자들을 이끌었고 2,500년이 흐른 후에 성인으로 추앙받고 있으니, 제대로 성공한 사람이라고 평가할 수 있다.

무엇보다, 벼슬자리는 얻지 못했지만 굴하지 않고 스스로 군자가 된 사람이기도 하다. 공자는 공부를 통해 누구나 군자가 될 수 있고 군자들이 세상을 다스리면 안정과 평화가 올 거라는 믿음을 가졌다.

**소크라테스** 공자님의 생각보다 공자님의 삶이 사람들에게 더 큰 영향을 주는 것 같습니다. 평생토록 굳건하게 도덕을 행하려는 의지를 보여주셨으니까요.

**공자** 뚜렷한 목적이 없었다면 이런 일을 해낼 수 있었을까요. 벌써 포기했을 겁니다. 소크라테스님도 마찬가지이신 듯해요. 부당한 판결에 독배를 마시면서도 아테네를 포기하지 않으셨으니까요. 인간이란 참 희한한 존재죠? 자기 신념을 위해 죽음도 마다하지 않는 걸 보면요.

**소크라테스** 그러게요. 그런 점이 인간과 동물을 가르는 기준 같습니다. 도덕도 마찬가지죠. 공자님이 인과 예를 말씀하신 것도 그런 이유 아니겠습니까. 인간답게 살라는 건 개, 돼지와 같은 짐승이 되지 말라는 의미 같아요. 그래서 공자님이 말씀하신 '인'은 '사람을 대하는 올바른 마음과 좋은 태도'로, '예'는 '올바른 마음과 좋은 태도를 적절하게 전달하는 방식'으로 봐도 좋을까요?

**공자** 그렇게 보셔도 문제가 없을 듯합니다만.

**소크라테스** 그렇게 말하니 인의 의미가 생각보다 쉽게 전달되는군요. 처음부터 이렇게 인의 의미를 정의해서 사용했다면 혼란이 덜 했을 텐데요.

**공자** 그랬다면 좋았겠죠. 저의 행적을 모아놓은 『논어』라는 책이 제가 직접 쓴 게 아니라 후대 제자들이 쓴 것이다 보니 논리적인 서술이 되진 못했습니다. 제자들의 질문에 대답을 하다 보면 상황에 따라 조금씩 다른 생각과 그에 맞는 예를 들기 마련이니까요. 소크라테스님은 제자 플라톤의 책 속 주인공으로 등장하다 보니 저와 다르게 논리적인 서술이 가능했으리라 봅니다.

**소크라테스** 저 또한 늘 제자들과 대화를 즐겼습니다. 공자님과 다른 점이 있다면, 공자님은 제자들의 물음에 대답하는 방식이었다면 저는 제자들에게 묻는 방식을 취했다는 거죠. 제자들의 개념 정의 또는 논리적 허점을 지적해 그들이 올바른 지식에 이르도록 했습니다. 사람들은 저의 이런 대화 방식을 가리켜 '산파술'이라고 부릅니다.

**공자** 산파술이라, 재밌는 표현입니다. 그러고 보니 자식을 낳는 걸 돕거나 지식을 얻는 걸 돕는 일은 비슷하군요. 저는 누군가의 내면 지식을 끄집어내도록 돕는 소크라테스님의 방식과 다르게 저의 경험과 깨달음을 전수하는 데에 중점을 뒀습니다. 스승으로부터 본받는 게 동양적인 배움의 방식이죠. 그러기에 스승은 제자에게 늘 모범을 보여야 합니다. 방식은 다르지만 내면의 변화를 이끌어냈다는 점에서 저의 가르침 역시 산파술에 해당하지 않을까요.

**소크라테스** 네에, 그렇게 봐도 좋을 것 같습니다. 공자님과 저는 닮은 구석이 많아 보입니다. 대화를 즐겼다는 점과 훌륭한 제자를 뒀다는 점, 그리고 현실에서 자기 이상을 실현하지 못했다는 점에서 말입니다. 비슷한 시대에 서로 다른 지역에서 참된 지식을 얻고자 했던 점도요.

**공자** 소크라테스님은 독배를 들어 신념을 지켰고, 저 역시 죽을 때까지 저의 신념을 지켰습니다. 그렇게 해서 후세 사람들에게 성인으로 추앙받으니 잘살았다는 생각이 드는군요.

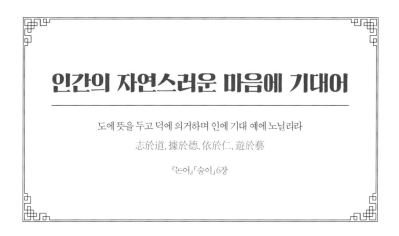

# 인간의 자연스러운 마음에 기대어

도에 뜻을 두고 덕에 의거하며 인에 기대 예에 노닐리라

志於道, 據於德, 依於仁, 遊於藝

『논어』「술이」6장

공자의 흔적이 가장 많이 남아 있는 나라는 어디일까. 중국이나 일본이 아닌 한국이다. 조선 왕조 500여 년간 공자의 사상은 유교라는 형태로 나라의 정신적 기둥이 되었다.

사극 드라마에서 흔하게 볼 수 있는 장면이 둘 있다. 하나는 신하가 임금에게 한 나라의 임금이 그리해선 아니 된다고 읍소하는 내용이고, 다른 하나는 부모님에게 효도를 하지 않는 사람에게 짐승만도 못한 놈이라고 혀를 차는 내용이다. 모든 게 유교적 질서에 따른 일이었다. 조선 시대 정치에서 공자의 가르침은 혜게

모니 또는 명분으로 작용했고, 일상생활에서는 윤리적 지침이자 생활의 준칙으로 작용했다.

조선 시대에 왕이나 왕비가 죽었을 때, 어머니 혹은 시어머니인 대비가 상복을 얼마 동안 입을 것인지에 대한 논쟁이 있었다. '예송논쟁'이라고 부르는데, 정치적 논쟁이자 학문적 논쟁이었다.

한 번은 인조의 둘째 아들로 왕위에 오른 효종이 죽자 어머니 조대비가 얼마 동안 상복을 입어야 하느냐를 두고 벌어졌고, 다른 한 번은 효종의 아들 현종이 왕위에 오른 후 효종의 왕비였던 인선왕후가 죽자 시어머니 조대비가 얼마 동안 상복을 입어야 하느냐를 두고 벌어졌다.

결혼식이나 장례식과 같은 주요 행사들이 점차 간소화되는 오늘날의 시선으로 보면 웃기는 일이 아닐 수 없다. 상복을 1년 입든 2년 입든 무슨 상관인가. 하지만 당시 권력을 두고 다툰 서인과 남인에게는 목숨을 내걸고 싸워야 할 정도로 중요한 문제였다.

오늘날 투표 시간을 18시까지 할 것인지 20시까지 할 것인지 다투는 것과 비슷하다. 투표 시간이 두 시간 늘든 하루가 늘든 중요하지 않을 수도 있으나, 정치적 다툼이 되면 중요도가 달라질 수밖에 없다.

그런데 공자는 왜 상례를 중요하게 여겼을까? 꼰대라서? 고대인이어서? 공자의 제자 재아가 부모님이 돌아가시고 3년상을 치르는 것에 대해 불만을 토로하자, 자식은 3년이 지난 뒤에야 부모의 품에서 벗어난다고 말한다.

공자는 묻는다. 한 사람을 떠나보내는 데에 얼마의 시간이 필요할까? 공자는 자신을 금이야 옥이야 키운 부모가 돌아가셨다면 최소한 3년 정도는 슬퍼하는 것이 인간의 도리라고 봤다. 부모에게 최소한 3년 정도는 무한정 사랑을 받았다는 의미다.

공자는 어버이의 은혜가 하늘 같아서 베풀어야 한다는 상투적인 의도가 아니라 인간이 인간에게 베푼 사랑의 크기를 알아야 한다고 강조하고 있는 것이다. 물론, 부모가 돌아가셨어도 슬퍼하지 않는 자식도 있고 자식을 학대하는 나쁜 부모도 있다.

그럼에도 자신을 키워준 부모라면 그리고 자식을 키우기 위해 애쓴 부모라면, 공자가 보기에 3년의 상례가 최소한의 예의다. 부모에게 사랑받은 기간이 수십 년인데 어찌 3년으로 족할까. 공자는 이 상황이 서글프기만 하다.

공자는 재아의 태도가 마음에 들지 않는다. 공자 기준에서 재아는 '사람이 아니다'. 사람이 사람답기 위해서는 사람이라면 으레 가지는 자연스러운 마음의 반응이 드러나야 한다.

부모가 자식을 사랑하는 게 인간의 자연스러운 마음인 것처럼 자식이 부모가 떠난 걸 슬퍼하는 마음 또한 자연스럽다는 의미다. 그렇다, 공자는 무조건적으로 도덕을 행하라고만 강조하지 않았다. '인간의 자연스러운 마음'에 기대 그 마음에 따라 생각하고 행동할 것을 요구했다.

공자는 참된 마음을 원하고 진심을 다하길 원했다. 임방이 예의 근본에 대해 묻자, 공자는 예는 사치스럽기보다 검소해야 하고 상례는 형식만 잘 갖추는 것보다 슬퍼해야 한다고 대답했다. 상례이기 때문에 슬퍼하라는 의미가 아니라 진실로 슬픈 일이기에 슬퍼해야 한다는 의미다. 괴로우면 괴로워해야 하고 슬프면 슬퍼해야 한다. 괴롭지 않은데 과하게 괴로움을 표하거나 슬프지 않은데 과하게 슬퍼하는 건 문제다.

반대로, 괴롭다고 지나치게 괴로움을 표하거나 슬프다고 지나치게 슬픔을 표하는 것도 문제다. 상황 자체가 슬프고 슬픈 상황 속에서 다른 사치스러움이나 형식보다 슬픔을 충분히 표현하는 게 중요하다는 의미다. 공자는 예를 정치의 한 원리로 다루고 있지만 출발은 인간의 마음에서 비롯된다. 이처럼 예는 인간 마음의 표현이자 인이 행동으로 드러난 것이고 공자가 생각하는 가장 이상적이고 최적화된 규범이다.

결국 공자가 말하는 인이나 예는 '도리'의 문제가 아니라 '정서'의 문제다. '인지상정', 인간이라면 서로 통하는 정서 또는 마음에 바탕을 두고 있다. 인간의 정서에 부합하는 행동을 할 때, 그것이 곧 인간의 도리를 다하는 일이고 '예'에 해당하는 일이다. 나아가 내 '마음대로'가 아니라 '사회가 용인하는 수준'에서 나의 행동을 돌아보는 데에 의의가 있다. 공자는 인간이라면 이 정도는 되어야지 않겠느냐는 인간 수준(품격)에 대한 요구를 말하고 있다.

**맹자** '예'를 '선을 넘지 않는다'고 말할 때의 선이라고 볼 수도 있겠습니다. 그 표현(드러냄)에 있어, 넘치지도 않고 모자라지도 않아야 하니까요. 그런 점에서 '마음의 적절함'을 찾는 게 예에 해당하는 것 같습니다.

**공자** 바탕(質: 참된 마음, 진실한 감정)이 형식(文: 예의범절)을 압도하면 거칠고, 형식이 바탕을 압도하면 때깔만 나는 법이죠. 형식과 바탕이 잘 어울려야[文質彬彬, 문질빈빈] 비로소 군자라고 할 수 있습니다. 진실한 마음으로 진실하게 표현해야 인간다운 일입니다.

**맹자** 한편으로, '인'이 '인간의 진정성'이라면 '예'는 '인간의 감수성'에 해당한다고 볼 수 있겠습니다. 슬퍼할 때 슬퍼하고, 슬픔만큼 자신의 감정을 드러내는 일이니까요.

**공자** 어떤 상황에서도 슬픈지 기쁜지 미안한지 잘못인지 정확히 알아야 한다는 점에서 또한 감수성이라고도 볼 수 있습니다. 이것을 알면 타인의 정서에 공감할 줄 아는 사람이고 자기 마음에 대해서도 잘 아는 사람이라고 볼 수 있죠.

**맹자** 그런 의미에서 인간의 마음을 네 가지로 분류한 저의 '사단지심'은 공자님의 인과 예를 잘 표현했다고 볼 수 있겠어요. 어려움에 처한 사람을 애처롭게 바라보는 측은지심, 의롭지 못한 걸 부끄러워하고 착하지 못한 걸 싫어하는 수오지심, 겸손해 남에게 양보할 줄 알고 타인을 존중할 줄 아는 사양지심,

옳고 그름을 판단하는 시비지심은 결국 인과 예를 네 가지로 세세하게 살펴본 거라고 할 수 있습니다.

**공자** 그렇지요. 인간의 정서에 부합하는 행동을 다할 때 인간의 도리가 될 수 있습니다. 결국 예를 실천하는 사람은 두 가지를 모두 알아야 하죠. 인간의 정서와 인간의 정서에 맞는 행동 말입니다.

**맹자** 정말 그렇습니다. 그렇게 보니 '인'을 '어질다' '인간다움' '사람을 사랑하다'와 같이 여러 뜻으로 이해해도 문제가 없겠군요. 두루뭉술해 보이지만 인간의 기본적인 마음과 정서를 잘 표현하는 말이기도 하군요. 그런 의미들이 겉으로 잘 드러나서 타인의 마음을 이해하고 마음을 헤아려 행동하는 걸 '예'라고 말할 수 있으니까요.

**공자** 역시 맹자님입니다. 제가 주나라의 예법을 따라야 한다고 주장했던 까닭은 지금 세상이 그 시절만도 못하기 때문이지, 무조건 주나라의 예법만을 따라야 한다고 고집 부리는 건 아닙니다. 지금의 위기를 헤쳐나가기 위해서는 모두 좋은 인간성을 회복하고 훌륭한 인품을 기르는 게 중요하다고 봤기 때문이죠. 그것이 곧 인과 예입니다. 저는 그저 인간을 사랑하는 사람이고 모두가 잘살기를 바라는 마음뿐입니다.

**맹자** 공자님의 생각을 이어받은 것에 다시 한번 자부심을 느낍니다.

"의를 바탕으로 삼고, 예에 맞게 행하며, 겸손하게 자신을 표현하고, 신뢰를 이루니, 이런 사람이 군자로다."

　　　　　　　　　　　　　　　　　　　　－『논어』「위령공」 17장

　공자의 '예'를 간단히 정리하면, 인간의 선한 마음인 '인'이 겉으로 적절하게 드러날 때 세상 누구에게나 공감을 얻을 수 있다. 예는 개인에겐 절제이고 기준이자 원칙이며, 당대의 문화 감수성이자 인권 감수성이자 생명 감수성이다. 사회에서 배워야 할 소양이자 교양이기도 하다. 공자가 인간이라면 성숙한 의식을 기르고 공부를 계속해야 한다고 강조한 것도 이 때문이다.

　공자가 "예가 아닌 것은 보지도 듣지도 행하지도 말라"라고 한 말은 인이 몸에 배도록 노력해야 한다는 의도로 이해할 수 있다. "마음 가는 대로 행동하더라도 법도에 어긋나지 않는다"라는 공자의 말은 인과 예를 온전히 자기 것으로 만들었을 때 가능하다. 욕망이 사회적 선을 넘지 않고, 말과 행동이 상대를 거스르지 않으며, 지식과 교양이 높은 수준에 오르고, 삶에 대한 통찰력이 생겼을 때 가능한 말일 것이다.

　당장 확인해보자. 내가 어떤 생각을 하는지, 어떤 욕망을 갖고 있는지, 내가 하는 말이나 행동이 어떠한지를. 공자의 말이 더 잘

와닿을 것이다.

공자가 인만큼이나 예를 강조한 이유는 인간의 진정성을 확인할 길이 마땅치 않은 데서 비롯된 것일 수도 있다. 앞서 '상례의 예'에서도 보듯 공자는 인간의 진실한 마음을 먼저 요구한다. 진정성을 가진다 해서 그의 진정성을 알기 어렵고 진정성이 없다 해서 그의 거짓을 파악하기 어렵기는 마찬가지다. 오랜 시간 관계를 맺어 왔다면 그가 어떤지 알 수 있지만 그렇지 않다면 그가 어떤 사람인지 파악하기란 어려운 일이다. 오랜 기간 관계를 맺어 왔어도 어느 순간 배신할 수 있는 게 인간이다.

『논어』에서 공자가 비판하는 행동들을 보면 위선과 허위가 중심에 서 있음을 알 수 있다. 번지르르한 말과 알랑거리는 낯빛은 '신뢰'와는 거리가 멀다. '신뢰'는 인간관계의 출발이자 지속하는 힘이다.

비록 서로가 신뢰하지 않더라도 서로에게 예에 맞게 행하거나 최소한의 호의를 보여야만 관계가 시작될 수 있다. 그래서 공자는 인간이 타고나길 정직하나 정직하지 않은데도 잘사는 건 요행이라고 여겼다. 물론 현실에서는 정직하지 않은데도 잘사는 사람이 넘쳐난다. 결국 인간의 진심과 배려는 '진정성'을 가늠하는 척도다.

예에 맞게 행하고 상대 역시 그렇다면 어느 정도 신뢰의 기반을 마련할 수 있다. 신뢰의 기반에서 인간의 삶과 관계와 사회가 성립할 수 있다. 안회가 공자에게 인이 무엇인지 묻자, 공자는 사심을 극복하고 예를 실천하는 것[克己復禮]이라고 대답했다. '사심'이란 자기만을 위하거나 자기 이익만을 따지는 마음이다. 공적인 마인드가 없다는 뜻이다. '극기'란 욕망과 충동을 절제해 타인을 위하거나 최소한 타인과 어울려 살아가는 걸 목표로 한다. 선한 마음 또는 진정성을 드러내기 위해서는 욕망과 충동을 절제하는 일이 무엇보다 중요하다.

그래서 공자는 안회에게 예가 아닌 것은 보지도 듣지도 말하지도 행하지도 말라고 당부했다. 또한 그는 예를 모르면 바로 설 수 없다고 봤다. 조화를 이루더라도 예에 맞게, 공손하더라도 예에 맞게, 모든 행동에 있어서도 예에 맞게 해야 문제가 없다.

예가 아닌 것은 보지도 듣지도 말하지도 행하지도 말라는 의도는 예에 따라야 자연스레 인을 실천할 수 있다는 데 있다. 그런 의미에서 인과 예는 불가분의 관계다. 악한 마음을 더욱 억누르고 선한 마음을 더욱 북돋는 노력이 있어야 비로소 선한 생각과 행동을 자연스럽게 행할 수 있다.

더불어 공자는 좋은 사람과 나쁜 사람을 구별하는 판단력도 강조했다. 번지가 지혜로움이 무엇이냐고 물었을 때 공자는 '사람을 아는 것'이라고 말했다. 좋은 사람과 그렇지 않은 사람을 구분하는 것 역시 중요한 일이기 때문이다.

공자가 늘 좋은 사람을 가까이하고 그렇지 않은 사람을 멀리하라고 말했던 이유는, 사람을 차별하라는 의미보다 좋은 사람의 행동을 본받고 나쁜 사람의 행동을 본받지 말라는 의도에서였다. 이처럼 공자는 늘 진정성 있는 태도로 살아가길 요구했고 그것이 곧 인간이 가져야 할 바람직한 태도라고 여겼다.

**순자** 공자님의 예에 대한 의도를 파악해보니 지나치게 형식적으로 치우친 저의 예에 대한 생각이 조금은 부끄러워지기도 합니다. 결국 예란 인의 기준이자 인의 실천이라고 볼 수 있을 것 같습니다.

**공자** 그렇습니다. 예가 아닌 것은 보지도 듣지도 행하지도 말라고 하는 말에는 인이 몸에 배도록 노력해야 한다는 의미도 담겨 있어요. 그런데 '예'도 시대에 따라 달리 해석되어야 하죠. 순자님의 시대에는 순자님의 방식이 어울렸을 거라고 생각합니다. 아무리 좋은 것이라도 시대에 따라 형태가 변해야 살아남을 수 있고 좋은 영향을 끼칠 수 있습니다. 제가 옛것을 배우고 새것을 공부해야 한다고 말한 이유도 여기에 있습니다.

**한비자** 지당한 말씀입니다. 형식적인 측면이 강화된 순자님의 예는 법가에 와서 좀 더 강제력을 띤 '법'으로 바뀌었죠. 사람들에게 아무리 인과 예를 지켜야 한다고 강조해도 제대로 지킬 사람이 얼마나 될까요. 아마 100명 중 하나일 것입니다.

**순자** 그렇죠. 인간은 선한 존재만은 아니니까요. 악함도 인간 본성

중의 일부라고 생각합니다. 인과 예를 제대로 실천하는 사람만 있다면야 세상에 나쁜 사람이 존재할 리 없겠죠. 공자님이 활동한 당시에도 그렇지 않았습니까.

**공자** 그래요. 저의 제자들 중에도 인과 예를 잘 실천하는 사람과 그렇지 않은 사람이 있었죠. 인과 예가 중요한 것과 인과 예를 실천하는 건 또 다른 문제이니까요.

**순자** 그럼에도 인간의 진정성과 배려의 표현이라는 점에서 인과 예는 현대 사회에 와서도 시사하는 바가 크다고 생각합니다.

**한비자** 동의합니다. 법으로 아무리 강제한다고 해도 한계가 존재하니까요. 법을 지키면 그만이라고 생각한다면 도덕을 지킬 이유도 훌륭한 인격을 갖춰야 할 이유도 없거든요. 죄를 지어도 죄의식 없이 그에 해당하는 죗값을 치르면 그에게 아무런 죄가 없다고 말할 수 있을까요? 가장 좋은 건 자발적으로 인격을 기르고 도덕을 지키는 사람들이 많은 사회입니다.

**공자** 형벌보다 죄의식 또는 부끄러움이 먼저입니다. 명령과 형벌로만 다스리면 사람들은 피하고자 잔머리를 굴릴 것입니다. 법치주의가 갖는 한계죠. 덕으로 이끌고 예로 다스려야 사람들은 부끄러움을 알게 됩니다. 부끄러움을 아는 사람은 잘못을 저지르지 않고 잘못을 저지른다 해도 곧 뉘우치기 마련이니까요.

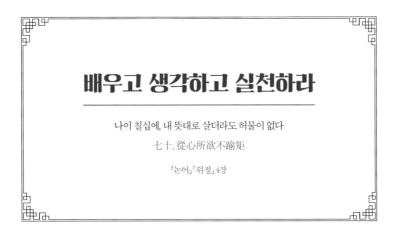

# 배우고 생각하고 실천하라

나이 칠십에, 내 뜻대로 살더라도 허물이 없다

七十, 從心所欲不踰矩

『논어』「위정」4장

"배우고 때때로 익히니 어찌 기쁘지 아니한가. 먼 곳에서 벗이 찾아
오니 어찌 즐겁지 아니한가. 사람들이 알아주지 않아도 노여워하
지 않으니 어찌 군자가 아니겠는가."

－『논어』「학이」1장

『논어』에서 가장 유명한 구절이다. 이 문장이 『논어』의 첫머리
에 오른 건 공자의 사상이 이 한마디에 응축되어 있기 때문이다.
배움에 대한 기쁨, 벗을 대하는 즐거움, 군자라는 목표에 이르기

──── 공자

까지 모두 공자가 삶에서 추구했던 것들이다.

'배움'은 자신의 성장을, '벗'은 인간관계를, 사람들이 알아주지 않아도 노여워하지 않는 건 '인품'을 보여준다. 한 인간이 성장하고 인간관계를 맺으며 사회생활을 해나가고 뜻한 바를 이루지 않더라도 최선을 다해 산다면, 누군가 알아주지 않더라도 충만한 삶을 살았다고 볼 수 있다.

공자가 성공할 수 있었던 이유는 배움에 대한 열의와 꿈을 실현하고자 끝없이 노력했던 굳건한 마음에 있다. 배움은 한 인간을 성장시키고 더 나은 인간으로 만드는 일이다. 공자를 '인류의 영원한 스승'이라고 하는 이유는 그가 성인으로 추앙받은 사람이었기도 하지만 수많은 제자를 가르쳤던 교육자였기 때문이다.

공자는 출신 성분, 사회적 지위를 상관하지 않고 제자들을 받아들였다. 가르침에는 차별이 없고, 배우고자 하면 누구에게나 배움의 문을 열어줘야 한다고 여겼다. 계급 사회였던 당시 매우 파격적인 생각이었다.

공자는 배움을 통해 누구나 군자가 될 수 있다고 믿었고 군자가 다스리는 세상을 꿈꿨다. 스스로 군자가 되어 군자들이 모이면 전쟁이 일어날 리 없고 정의가 실현되지 않을 리 없으니, 사람들은 저절로 도덕적으로 행동하고 사회는 서로를 한 인간으로 대접해주는 곳이 될 것이다. 물론 군자는 공부를 통해 이뤄지고 공부는 지적으로 뛰어난 인간만이 아닌 인격적으로도 훌륭한 인간을 전제로 한다. 유학의 목적은 세상을 다스리는 리더가 되는 데 있고 리더야말로 공자가 말하는 군자이자 성인이다. 공자는 군주로서 몸소 실천하고 모범을 보인다면 백성이 저절로 따라 행할 것이라고 여겼다. 군주제였던 고대에는 이런 논리가 어느 정도 타당했다. 다만, 왕권이 강해야 한다는 전제가 깔려 있다. 그렇지 않으면 왕이 아무리 도덕적이어도 신하들이 도덕적일 리 없다.

왕이 능력으로도 신하를 압도한다면 어떨까. 공자는 능력을 갖췄으면서도 도덕적으로나 인격적으로도 바른 사람을 원했다. 이쯤 되면 공자의 기대치가 어떠한지를 알 수 있다. 조선을 지켜 온 수많은 선비가 바랐던 것도 이와 같은 인간의 높은 경지였다. 누구나 도달하기 어려운 경지이기에 너무나 비현실적이다. 그래서 누군가에게는 도달하고 싶은 경지였을 수도 있다. 공자 그 자신이 경지를 몸소 보여줬기에 한편으로 현실적인 목표였다.

공자는 배우되 생각하지 않으면 미혹되고, 생각하되 배우지 않으면 위태롭다고 강조했다. 사람은 열려 있어야 한다. 그저 배우기만 하면 고지식하거나 고집불통이 될 수 있다. 본인이 아는 것만이 진리이고 세상 전부라고 여기기 때문이다. 생각만 하는 사람 역시 마찬가지다. 자신의 생각만이 옳고 객관적인 검증을 하지 않기 때문에 독단과 독선으로 나아갈 수 있다. 그래서 열심히 배우고 생각해 지식이 생각을 넓히고 생각이 지식을 깊게 하고 더 넓은 정신세계를 구축해야 한다.

**공자** 배우는 사람일수록 완고해져서는 안 됩니다. 그래서 저는 군자는 그릇이 되지 말아야 한다고 말했습니다. 작은 그릇이 되지 말고 큰 그릇이 되어야 한다는 의미로 볼 수도 있습니다. 어느 한쪽에 치우친 사람이 아니라 항상 열려 있는 사람이 되어야 합니다. 그래야 더 넓은 세상을 볼 수 있으니까요.

**장자** 더 넓은 세상을 본다는 점에서는 제가 추구한 정신세계와 맥락을 같이 한다고 볼 수 있겠어요. 제가 우화의 방식으로 대화를 한 것 역시 어느 한쪽에 치우치지 않고 더 나은 생각을 하길 바라는 의도였으니까요. 어느 정도 원하는 수준에 오르면 더는 노력하지 않는 경우가 많습니다. 지식이든 운동이든, 부 혹은 권력이든 마찬가지입니다. 한계에 머무르려고 하죠.

**노자** 그래서 저는 항상 물과 같은 사람이 되라고 말했습니다. 사람은 유연해야 합니다. 유연해야 한다고 해서 살살거리는 사람이 되라는 의미가 아닙니다. 비록 자신의 생각이 옳고 그 생각에 확신을 가지더라도 고집부리지 말고 타인의 이야기를 들으며 다시 한번 자기를 돌아봐야 한다는 의미죠. 딱딱 하면 부러지기 마련이니까요.

**공자** 지혜로운 사람은 물을 좋아하고 인한 사람은 산을 좋아한다는 말이 떠오르네요. 지혜로운 사람은 생각의 유연함이 필요하니 물 흐르듯 자연스럽게 나아가야 합니다. 반면 인을 실천하는 사람은 도덕적 수행이 필요하니 산에 오르듯 뚜벅뚜벅 나아가야 할 테죠. 제가 걸어온 길처럼 말이죠.

**장자** 은근히 자기 자랑을 늘어놓으시는군요, 공자님. 누구나 자신이 살아온 방식을 최선이라고 여길 것입니다. 저는 늘 자유로운 정신세계를 추구해왔죠. 봉황이 하늘을 날아가듯 끝없이 높고 끝없이 넓은 저 하늘로, 저 우주로 뻗어 나가는 상상을 했습니다. 나비가 내가 되고 내가 나비가 되는 세상을 꿈꾸듯 말이죠. 아무런 한계도 없는 세상, 얼마나 멋있습니까.

**노자** 최선을 다해 각자의 삶을 살아온 사람들만이 누릴 수 있는 삶의 기쁨이겠죠. 저 역시 보통 사람들이 지나쳤을지 모르는 것에서 영감을 얻어 정치에 적용하려 했습니다. 바로 부드럽고 약한 것들이죠.

**공자** 노자님이든 장자님이든 더 나은 사람과 더 나은 세상이 되기 위해 애써온 걸 후세 사람들도 잘 알고 있습니다. 앞으로도 더 나은 사람들이 생겨나고 그들에 의해 더 나은 세상이 오길 바랄 뿐이에요.


— **반성과 실천의 굳건한 마음**

한국 사람들이 좋아하는 말 중에 '먼저 인간이 되어라'라는 말이 있다. 대체로 꾸짖을 때 사용하지만 이 말 자체가 도덕적 기준이자 교양의 기준이기도 하다.

돈도 권력도 명예도 이 말 한마디로 물리칠 수 있으니 참 괜찮은 말이기도 하다.

공자가 말을 해서 한국 사람들이 좋아하게 되었는지, 본래 한국 사람들이 이런 말을 좋아해서 공자의 생각을 깊게 받아들였는지 알 수 없으나 공자는 '인간됨'을 강조했다.

공자는 옛날의 배움은 자신의 수양을 위한 것이었으나 오늘날의 배움은 남의 인정을 받기 위한 것이라며 당시 세태를 비판했다. 유학은 입신양명을 중요시하지만 한 인간으로서 훌륭한 인격체의 성장이 그 바탕이 된다는 전제를 깔고 있다.

인격체의 성장은 '타의 모범'이 되기에 더욱 중요하다. 공자는 자신을 바르게 하지 못하면 타인을 바르게 할 수 없다고 봤다. 훌륭한 인격을 갖추기 위해서는 우선 자신의 허물을 살펴야 한다. 곧 자기반성이다. 인간에게 가장 힘든 것 중 하나가 자제와 절제다. 반성은 이를 가능하게 하는 길이기도 하다.

공자의 제자 증자는 하루 세 번 반성한다고 말했다. 남을 위해 일하는 데 최선을 다했는지, 벗들과 교류하는 데 믿음을 줬는지, 스승께 배운 걸 실천했는지. 증자가 하는 반성의 목적은 매사 최선을 다하고 신뢰를 지켰는가에 있다. 곧 인과 예를 얼마나 제대로 실천했는지를 살피는 일이다.

스승에게 배운 걸 실천했는지 반성하는 이유도 여기에 있다. 스승에게 배운 걸 실천하는 것 역시 매일 얼마나 노력하는지를 점검하는 일이라고 볼 수 있다.

증자의 증언에서 찾아낼 수 있는 중요한 사실은 그 어떤 위대한 행동도 아주 작은 자기반성에서 비롯된다는 것이다. 자기반성에 있어 가장 중요한 건 '자기 객관화'다. 자기 객관화란 본인을 타인의 시선에서 바라보는 일이다.

'나'는 나에 대해 주관적일 수밖에 없다. 사람이 늘 곧이곧대로 살아갈 수는 없고 유혹과 욕망에 흔들리며 실수를 저지르기도 한다. 사람은 또한 자신에 대해 어느 정도 관대하거나 엄격하다.

살다 보면 상식선상에서 허용하는 범위를 벗어나는 경우가 생긴다. 그렇지만 사람들은 자기를 객관화해서 보려 하지 않고 진실과 마주치기를 두려워한다. 자신에게 관대한 사람은 더욱 그렇다. 도덕적이길 바라지 않는 사람은 없으나 지나치게 도덕적으로 살고 싶진 않기 때문이다.

진실과 도덕 앞에서 주눅 드는 자신을 바라보는 일은 얼마나 어려운가. 누구나 자신의 마음이 진실이길 바라나 그 마음이 늘 진실인 건 아니다.

더 자주 자신의 마음을 숨기고 거짓을 이야기하거나 거짓을 진실인 양 떠들기도 한다. 그래서 반성이 필요하지만 한편으로 반성은 외면하고 싶은 일이기도 하다.

반성과 더불어 중요한 게 '실천'이다. 오랜 세월 공자의 말에 귀기울이고 『논어』를 읽는 이유는 공자가 실천하는 사람이었기 때문이다.

그렇다, 인과 예는 그 자체가 어렵다기보다 실천하기 어렵다. 대체로 선한 일이나 도덕으로 장려하는 것들은 유혹을 견디고 욕망을 멀리하는 일이다. 그래서 실천하기 위해서는 굳건한 마음이 필요하다.

그렇다면 굳건한 마음은 어디에서 생기는 걸까. 자기를 좀 더 나은 사람으로 바꾸고 사회를 좀 더 나은 곳으로 바꿀 수 있다는 확신에서 비롯된다. 확신을 얻는 건 온갖 흔들림 속에서도 자신을 지켜나가는 데 있다.

조선 시대 실학을 집대성했던 정약용은 '신독'이라는 말을 좋아했다. '신독'이란 남이 보지 않는 곳에 혼자 있을 때도 도리에 어긋나지 않도록 조심해 말과 행동을 삼간다는 뜻이다. 단지 집안에서 단정한 마음과 태도로 살아가는 것만을 뜻하진 않았다.

정약용에게 신독이란 당시의 혼란스러운 정치 상황에 대한 비판이기도 했다. 당파 싸움의 피해자로 강진에서 18년간 유배 생활을 해야 했던 정약용에게 정치인들의 허위와 위선이야말로 나라를 좀먹는 절대적 원인이었을 것이다.

조선의 '과거'는 유교 경전을 공부하고 시험을 봐 정계에 진출하는 시스템이었다. 하지만 그 공부라는 것이 출세를 위한 일이지 유학의 본질적인 가르침인 '사람됨'과는 거리가 멀었다. 탐관오리들이 넘쳐나고 백성을 괴롭히는 일들이 비일비재했던 당시에는 공자의 가르침이 전혀 실현되지 않았다.

　이런 시대를 견뎌내기 위해서라도 정약용에게 신독은 매우 중요했을 것이다. 시기와 비방, 조롱과 멸시가 자기를 향하는 순간에도 흔들림 없는 신념을 지키기 위해서는 자기 자신을 다스리는 일이 필요했을 테니 말이다.


**정약용**　결국 유학의 본래 목적이 말이 아닌 실천에 있다는 사실이 여실히 드러납니다. 반성하는 목적이 어디에 있습니까. 잘못된 자신을 살피고 더 나은 자신을 만드는 데 있습니다. 그저 머릿속으로 생각한다고 해서 이뤄지는 일이 아닙니다. 자신을 늘 살피는 일이 신독이고 신독이 곧 반성입니다. 저는 공자님의 말씀을 따라 제 자신이 잘못하고 있지 않은지 스스로 늘 삼가며 살아왔죠. 제 자식들에게도 늘 그렇게 살라고 얘기했습니다. 아마, 제 잔소리로 귀에 딱지가 앉았을 거예요.

**공자**　훌륭하십니다. 인과 예가 결국 자기반성에서 시작하는 것 아니겠습니까. 진심을 다하고 타인을 배려하는 마음을 갖기 위해서는, 자기 안에 거짓이 없는지 타인을 위한 마음을 내고 있는지 사소한 일에도 최선을 다하는지 살펴보고 또 살펴봐야 합니다. 저 역시 제자들에게 한시도 쉬지 않고 정진해야 한다고 말해왔어요.

**정약용**　증자님의 고백에서도 충분히 확인할 수 있었습니다. 자기가 하는 일이 옳은 일인지 좋은 일인지를 끝없이 살펴봐야 한다는 점에서 평생의 과업과도 같은 일입니다. 이렇게 살라고 하면 숨이 막힐지도 모르지만, 곧 군자로서의 삶입니다. 자신을 바르게 하면 백성이 저절로 따라올 것입니다. 자신이 바르지 않는데 어찌 남을 바르게 할 수 있을까요.

**정약용** 하지만 반성이란 정말 어려운 일입니다. 매일같이 나쁜 마음과 욕망을 절제하고 좋은 마음과 선행을 위해 노력해야 하기 때문이죠. 자신의 잘못을 들여다봐야 하고 더 나은 인간으로 살고자 하는 것을 평생 해야 한다면 누구나 숨이 막힐 수밖에 없을 거예요.

**공자** 그렇게 해야 자신에게 부끄럽지 않고 남에게 당당할 수 있으니까요. 조선 시대의 선비들이 결국 타락한 건 권력과 부 앞에서 무너졌기 때문이에요. 저의 수많은 제자가 모두 권력을 가졌거나 부유하진 않았습니다. 그런 것들을 추구했다면 저를 따르지 않았을 거예요. 제가 벼슬과 정치에 관심이 있었던 건 세상을 바로잡고자 함이었지 결코 권력과 부에 있지 않았습니다.

**정약용** 안타깝지만 유학으로 흥한 조선이 유학과 반대의 길을 걸으면서 망하고 말았어요. 유학 이념이 제대로 실현되지 못해 안타깝습니다. 저 역시 정치 파벌 싸움의 피해자 중 하나였고요.

**공자** 현실과 이상은 그런 차이가 있기 마련이지 않겠습니까. 저 역시 살아생전에는 제 이상을 실현하지 못했으니까요. 조선이 유학의 나라였다는 사실을 잘 알고 있습니다. 종교가 아닌 사상을 중심으로 국가를 건설했다는 게 놀라운 일이죠. 그럼에도 정치의 타락으로 가장 피해를 보는 건 백성이라는 점에서 더욱 안타까울 뿐이에요.

—— 공자

# 2장

# 물처럼 사는 것이
# 가장 좋다

## _노자

노자는 도가의 창시자로 춘추시대 사람이다. 노자의 '노'자는 그의 머리가 늙은이처럼 희었기 때문에 붙여졌다고 한다. 태어날 때부터 그랬다고 하니 보통 인물이 아님을 짐작할 수 있다. 노자의 사상을 담은 책을 『도덕경』이라고 부르는데, 그에게 있어 '도'와 '덕'이 매우 중요한 개념이었기 때문이다. 노자가 주나라를 떠날 때 함곡관을 지키던 윤회에게 남긴 5천여 자에 이르는 생각이 『도덕경』이 되었다고 전한다.

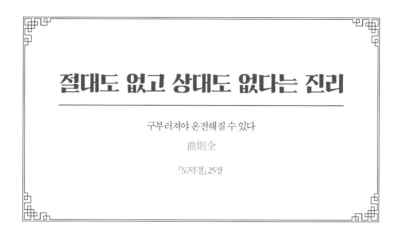

# 절대도 없고 상대도 없다는 진리

구부러져야 온전해질 수 있다

曲則全

『도덕경』 25장

철학에서 가장 중요한 건 '다르게 보기'다. 철학을 통해 얻을 수 있는 가장 큰 효용이기도 하다. 다르게 봐야 다르게 생각할 수 있고 다르게 살아갈 수 있다. 물론 다르게 생각한다고 반드시 다르게 살아가진 않는다. 그만한 의지를 가져야 하기 때문이다. 그럼에도 다르게 볼 수 있다면 다양한 삶을 살 가능성이 높아진다.

다르게 생각하는 사람이 많아지고 다르게 살아가는 사람이 많아지면 다양성 또한 증가한다. 다양성이 증가하는 만큼 포용성이 커지고 여러 사람이 어울려 살아갈 터전도 마련할 수 있다. 생각의 다양성은 사회의 다양성으로 이어진다.

그런 점에서 노자의 생각은 다르게 바라보는 데에 큰 도움을 준다. 노자가 '다르게 본' 방법은 '역설'에 있다. 역설이란 'A'라는 방식으로 'C'라는 결과를 기대하는데, 'A'와는 모순되는 'B'라는 방식으로 'C'라는 결과를 얻는 걸 말한다. 가던 길을 돌아가는 것과 같다.

그렇더라도 똑같은 목적지에 이른다. 가던 길을 가는 게 아니라 가지 않은 길로 가다 보니 낯익은 것들을 낯설게 보고 전혀 알지 못한 방식으로 바라보게 되는 것이다. 역설은 얼핏 보기엔 말이 안 되지만 진리에 가까운 경우가 많다.

강한 바람에 이리저리 흔들리는 갈대는 바람의 흐름에 몸을 맡기기에 부러지지 않는다. 반면 딱딱한 소나무는 강한 바람에 부러지기도 하고 심지어 뽑혀나가기도 한다.

노자의 역설을 말하는 가장 유명한 말이 "세상에서 가장 부드러운 것이 가장 딱딱한 것을 이긴다."(『도덕경』 43장)이다. 중국 배경의 액션 영화나 무협 소설에서 한 번쯤 들어봤을 것이다. 상식적으로 부드러운 것이 딱딱한 것을 이길 수 없지만 노자는 전혀 다른 걸 바라봤다.

이를 폭넓게 해석해 사람의 마음에도 적용해볼 수 있다. 예를 들어, 고가의 물건을 구매했는데 물건에 문제가 있다고 가정해보자. 화가 나 씩씩거리며 따지러 갔는데 점주가 매우 친절하게 응대하면 마음이 가라앉기도 한다. 부드러움이 딱딱함을 이긴 것이다. 똑같이 화를 내면 화가 화를 만나 더 큰 화를 불러오기도 한다. 동양철학이 갖는 특징이기도 한데, 같은 원리를 물리적 현상과 인간의 정신 작용에 적용하는 방식이다.

노자는 부드러움을 좋아하고 또 강조했다. 그는 또한 "물처럼 사는 것이 가장 좋다"(『도덕경』 8장)고 하면서 물이 가진 부드러움을 강조했다. 물은 딱딱하지 않기 때문에 어떤 물체든 담을 수 있고 또 밀폐된 것이라면 어떤 물체에도 담길 수 있다. 커다란 바위를 피해 가기도 하고 아주 작은 틈이라도 있으면 어디든 스며들 수 있다.

물이 부드러움의 특징을 갖고 있기에 가능한 일들이다. 인간의 심리에 적용하면 자신을 고집하면 할수록 고립을 불러온다는 의미로 이해할 수도 있다.

그런데 '떨어지는 물방울이 바위를 뚫는다'는 말처럼 물은 매우 강력한 힘을 간직하고 있기도 하다. 쓰나미와 같이 엄청난 파도는 모든 걸 넘어뜨리거나 부숴버릴 수도 있다. 암벽을 뚫는 데에도 물을 이용한다.

물은 모든 생명체의 근원이기도 하다. 노자가 바라본 건 물의 부드러움과 함께 물이 간직한 엄청난 에너지다. 부드러움이 갖는 강함의 역설이다. 노자는 삶이 갖는 양면성을 드러내 일상에서 쉽게 지나치기 쉬운 것들을 다시 한번 돌아보게 만든다.

노자는 "있음도 없음도 함께 생겨나고, 어려움과 쉬움도 함께 생겨나고, 긺과 짧음도 함께 생겨나고, 높음과 낮음도 함께 생겨나고, 의미 있는 소리와 의미 없는 소리도 함께 생겨나고, 앞과 뒤도 함께 생겨난다."(『도덕경』 2장)고 말했다. 어떤 개념이든 모순되는 개념이 있기에 성립할 수 있다는 의미다. 주장을 하거나 입장을 세울 때면 반드시 모순되는 주장이나 입장을 고려하라는 의도로 이해할 수 있다. 늘 이렇게 생각하면 편견에 빠지지 않고 폭넓은 의견을 수용할 수 있다.

노자는 역설을 통해 인간이 가진 편견을 비판하기도 했다. 그는 "세상 모두가 아름답다고 여기는 아름다움은 추할 수 있다. 세상 모두가 선하다고 여기는 선함은 선하지 않은 것일 수도 있다."(『도덕경』 2장)고 봤다.

노자는 일반적인 시각에서 보면 아름다운 것과 선한 것이 다른 시각에서 보면 추한 것이 되거나 선하지 않은 것이 된다고 생각했다. '아름다움'의 기준은 시대에 따라 사람에 따라 장소에 따라 달라진다.

자신의 관점에서 바라보는 아름다움이 남들에겐 추함일 수 있다. 중국처럼 땅덩어리가 넓은 국가에서는 사람과 지역에 따라 이런 차이를 더욱 쉽게 많이 발견할 수 있을 것이다.

'선' 역시 마찬가지다. 인간이 가진 선악 역시 사람에 따라 장소에 따라 시대에 따라 달라질 수 있다. 동기는 선하지만 결과는 선하지 않을 수 있고 동기는 악한데 결과가 선할 수도 있다. '절대적'이라고 할 수 있는 기준이 없다는 의미다. '절대적'이란 말은 폭력으로 작용하기도 한다. 세상에 결코 변하지 않는 아름다움이나 선 또는 진리의 기준이 있다고 주장하는 사람은 자신에 반대하는 주장을 결코 수용하지 않기 때문이다. 자신의 생각을 남에게 강요할 때 반목과 갈등이 존재하기 마련이다.

**프로타고라스** 저는 '인간은 만물의 척도'라고 말했습니다. 모든 지각과 판단의 기준은 개인과 그의 경험에 달려 있다는 의미죠. 그러니 사람에 따라 참과 거짓도 얼마든지 달라질 수 있습니다. 진리나 도덕 또한 마찬가지라는 점에서 노자님과 생각이 비슷하다고 볼 수 있겠군요.

**루스 베네딕트** 북아메리카 인디언인 콰키우틀족·푸에블로족·도부족 등의 문화를 비교해보면 노자님의 생각을 어느 정도 확인해볼 수 있습니다. 각각의 부족이 가진 도덕적 신념과 행위는 서로 다르고 충돌하기도 하지만, 한 부족 안에서는 구성원들의 신념과 행동을 올바르게 평가할 수 있는 중요한 잣대가 되거든요. '윤리적 상대주의'라고 부르는데, 문화와 사람에 따라 생각이 다를 수 있습니다. 윤리적 상대주의의 기원은 프로타고라스님으로부터 찾아볼 수 있고요.

**프로타고라스** 우쭐해지는군요. 세상에는 다양한 문화가 있고 각각의 문화마다 서로 다른 진리와 도덕이 있다는 사실을 확인하는 결과이기도 하겠어요. 세상엔 절대적인 기준이 없다는 이 논리를 극단으로 밀고 나가면 모든 것을 상대주의적 시각에서 바라볼 수 있습니다.

**노자** 진리나 도덕이 주관적이고 상대적인 것일 수 있다는 점에서 프로타고라스님의 말씀에 동의합니다. 그렇지만 저는 '경우에 따라 이것이 옳고 저것이 그를 수 있으니 절대적인 견해를 경계하라'는 의도라는 점에서 프로타고라스님과 조금 다르기도 합니다. 살다 보면 옳고 그름이 뭐가 중요하겠습니까. 내가 옳고 네가 그를 수도 있고 네가 그르고 내가 옳을 수도 있죠. 어울려 살아가야 한다는 점에서는 다르지 않습니다.

**프로타고라스** 중국철학은 참 특이하군요. '진리'를 논하기보다 '삶'을 논하는 것 같아요. 산다는 건 진리를 따지는 것보다 더 복잡한 일이기도 하니까요. 인간은 참을 알고 있어도 거짓을 말하고 참을 위해 거짓을 말하기도 하는 복잡한 존재입니다. 인간이 나고 죽는 순간에 참과 거짓이 존재하기나 할까요?

**노자** 프로타고라스님이 그런 말을 하니 의외입니다. 그렇죠, 태어날 때와 죽을 때 그곳엔 생명의 신비로움이 있을 뿐 참과 거짓이라는 진리의 문제가 있는 건 아니니까요. 물론 참과 거짓의 문제나 선과 악의 문제가 중요하지 않다는 의미는 아닙니다. 진리와 도덕을 논하는 일도 중요하죠. 새로운 진리는 인간에게 그동안 보지 못한 세상을 알게 하고, 도덕은 인간에게 안정과 평화로운 사회를 구성하게 하는 중요한 요소이기도 하니까요.

**프로타고라스** 노자님 살아생전 당시의 중국이 매우 혼란한 시기여서 그런 생각을 했을 수도 있겠군요. 제가 살았던 그리스는 평화와 안정이 찾아왔던 시기였습니다. 문예가 발달하고 정치와 철학이 발달하면서 저처럼 사색을 업으로 삼은 사람도 등장했죠. 저와 같은 사람들을 '소피스트'라고 부르죠.

**노자** 춘추시대에도 소피스트와 같은 사상가들이 등장해 자신의 말이 옳다고 주장했습니다. 여러 사상가가 온갖 주장으로 사람들을 현혹시키는 일도 생겨났습니다. 그래서 저는 세상 사람이 모두 아름답다고 말하는 게 진정 아름다운 것인지, 세상 사람이 모두 선하다고 말하는 게 진정 선한 것인지 의문을 제기했습니다. 마찬가지로 세상 사람이 진리라고 말하는 게 정말 진리인지에 대해서도 의문을 제기했던 것이고요. 그래야만 이 혼란을 줄여나갈 수 있다고 봤습니다.

**루스 베네딕트** 맞습니다. 세상에는 정말 이해할 수 없는 문화들도 많아요. 저는 일본 문화의 특성을 '국화'와 '칼'이라는 두 가지 극단적인 상징으로 파악한 연구서인 『국화와 칼』을 집필했습니다. 국화는 '평화'를 상징하고 칼은 '전쟁'을 상징하는데, 일본인은 국화(평화)를 사랑하면서도 칼(전쟁)을 숭상하는 이중성을 가지고 있죠. 하지만 이를 옳고 그름으로 판단할 순 없는 일이에요. 현대에 문화상대주의가 등장한 까닭에는 서로 다른 문화가 가진 배경을 이해하는 목적이 있었는데 오히려 이를 통해 세상 사람들의 개성을 발견하고 다양성을 인정하는 계기를 마련할 수 있었습니다.

## — '다르게 보기'와 '본질 찾기'

철학에서 '다르게 보기'만큼 중요한 게 '본질 찾기'다. 인간의 눈에 보이는 감각으로 인식하는 세계를 '현상'이라고 한다면, 눈에 보이지 않는 이성으로 인식하는 세계를 '본질'이라고 일컫는다.

일반적으로 대다수의 사람은 눈에 보이는 세계를 중시하고 눈에 보이지 않는 세계를 간과하는 경향이 있다. 하지만 철학자는 이와 반대로 생각한다. 그들은 삶에서 본질적인 건 숨어 있거나 잘 드러나지 않으며 때론 사고의 방향을 바꿔야 볼 수 있다고 여긴다. 또한 그들은 변하지 않는 세상에서 변하지 않는 뭔가를 찾아 헤맸다.

까마득한 우주를 떠올려보자. 텅 비어 있고, 무한한 공간이 펼쳐져 있다. 물질도 있고, 반물질도 있고, 공허도 있고, 왜곡도 있다. 무엇이 우주를 만들고 우주는 어떻게 시작되었을까? '본질'이란 그런 의미다. 더 핵심적인 무엇!

노자는 '있음'보다 '없음'의 세계를 더욱 중요하게 여겼고, '없음'이 곧 본질임을 보여주려 했다. 노자는 "천하의 만물은 있음에서 생겨나고, 있음은 없음에서 비롯된다"(『도덕경』 40장)고 했는데, 이 때 '있음'은 '현상의 세계'를 가리키고 '없음'은 '본질의 세계'를 가리킨다.

또한 "서른 개의 바퀴살이 하나의 바퀴통으로 모여 있는데, 없음(바퀴통의 빈 공간)으로 인해 수레의 쓰임이 생겨난다. 찰흙을 이겨 그릇을 만드는데, 없음(그릇의 빈 공간)으로 인해 그릇의 쓰임이 생겨난다. 창과 문을 뚫어 집을 짓는데, 없음(창과 문이 만드는 공간)으로 인해 집의 쓰임이 생겨난다. 그러므로 있음에서 이로움이 (형체가) 생겨난다면 없음에서 쓰임이 생겨난다."(『도덕경』 11장)는 말도 남겼다.

이것도 하나의 역설적 사고다. 집을 구매할 때 필요한 건 집이 갖는 공간이고 인간이 살아갈 때 가장 중요한 건 눈에 보이지 않는 공기이듯, 노자는 세계를 이루는 중요한 가치와 법칙은 눈에 잘 띄지 않는다고 봤다.

인간의 마음도 다르지 않다. 사람 간의 신뢰, 우정, 사랑과 같은 가치들 역시 눈에 보이지 않는다. 이런 가치들이 점차 의미를 잃어가는 건 사람들이 눈에 보이는 것들만 중요시하기 때문이다.

"다섯 가지 색깔이 사람의 눈을 멀게 하고, 다섯 가지 소리가 사람의 귀를 먹게 하며, 다섯 가지 맛이 사람의 입맛을 버리게 만든다. 말달리기와 사냥은 사람의 마음을 미치게 만들고, 얻기 어려운 재화는 사람의 행동을 방탕하게 만든다. 이에 성인은 배를 위하지 눈(의 즐거움)을 위하지 않으므로, 이것(눈을 위한 것)을 버리고 저것(배를 위한 것)을 취한다."(『도덕경』 12장)는 노자의 말을 되새겨볼 필요가 있다.

배를 위하고 눈을 위하지 않는다는 건 자극과 욕망을 멀리하고 인간의 가장 기본적인 욕구와 바탕에 둔 삶의 방식을 가치 있게 여긴다는 의미다. 부차적인 것들이 아닌 본질적 가치에 주목하라는 의미이기도 하다. 물론 현실에서 노자가 주장하듯 살아가는 건 정말 어려운 일이다. 다만 노자가 역설을 통해 제시하려 했던 건 더 많은 걸 가지려다 더 많은 걸 잃을 수 있다는 깨달음이었다.

**플라톤**  노자님이 소피스트와 조금은 다른 생각을 하셔서 참 다행입니다. 소피스트들은 궤변론자가 많습니다. 세상에 절대적 진리가 없고 도덕도 없다면 아무렇게나 막 살아도 된다는 의미 아닙니까. 악한 사람들 입장에서는 얼마나 반가운 말일까요. 아무리 악한 행동을 하더라도 경우에 따라서는 악하지 않을 수도 있으니, 악을 저지를 수 있는 명분을 마련해주는 일이죠.

**노자**  그 말엔 저도 동의합니다. 문화상대주의 입장에서는 각 문화마다 진리와 도덕이 서로 다를 수 있지만 그 문화 안에서만은 진리이자 도덕으로 작용하기 때문이죠. 진리와 도덕을 상대적으로 보자는 의견이지 진리와 도덕이 없다는 의미는 아닙니다.

**플라톤**  저는 세계의 본질과 절대적인 기준을 '이데아'라고 불렀습니다. 세계는 이데아의 세계와 그렇지 않은 세계로 나눠져 있습니다. 이데아의 세계는 인간 이성으로 파악할 수 있는 세계이고, 현상의 세계는 인간의 감각으로 지각하는 세계죠. 사람들은 어두운 동굴 안에 죄수처럼 묶여 있고 동굴 벽면에 비치는 그림자를 두고 '진짜'라고 알고 있습니다. 그렇지만 실제 세계는 동굴 밖에 있습니다. 사람들은 이를 두고 '동굴의 비유'라고 말하더군요.

**노자**  재밌는 비유군요. 진리를 깨달은 사람들만 자신이 동굴에 갇혀 있는 걸 깨닫고 그림자를 비추는 해를 향해 나아가겠군요. 그렇다면 이데아의 세계가 저에게는 곧 도의 세계가 되겠어요. '도'가 진리이자 도덕이기 때문에 저를 포함해 저를 따르는 사람을 '도가'라고 부른답니다. 그런데, 이 세상에 '절대적인' 것이 존재하는지는 의문입니다. 저는 세상에 '절대적인' 것도 '상대적인' 것도 없다고 생각합니다. 사람들이 말하는 '절대'와 '상대' 역시 편견일 수 있으니까요. 절대적으로 볼 때도 있고 상대적으로 볼 때도 있는 법이죠.

**플라톤**  이럴수가! 노자님이야말로 대단한 궤변론자시군요. 프로타고라스님에게는 상대주의자인 것처럼 굴다가 그것과는 다르다고 하고, 저에게는 절대주의자인 것처럼 굴다가 그것과는 또 다르다고 하다니요. 사람들이 그래서 중국철학을 이해할 수 없다고 말하는 것입니다. 이랬다 저랬다 하니까요.

**노자**  오해입니다. 도의 세계에서는 사람들이 진짜를 볼 수 있다는 점에서는 플라톤님과 같은 의견입니다. 도를 깨친 사람은 편견에서 벗어나 세상을 투명하게 보니까요. 그렇기에 어느 한 극단으로 치우치지 않습니다. 어려울 것 없습니다. 진리에 이르기 위한 역설의 한 방식이니까요.

**플라톤**  저는 역설보다는 논변을 통해 진리에 도달하려 했습니다. 물론 절대적인 진리는 인간의 직관으로 도달할 수 있다고 봤지만요. 세상을 투명하게 본다는 건 올바른 이성의 역할로 볼 수도 있겠죠? 그랬으면 좋겠습니다. 올바르게 봐야 올바른 삶을 살 수 있을 테니까요. 그것이 노자님이 역설을 통해 도달하려고 했던 목표라고 생각해요.

62                                                      ──노자

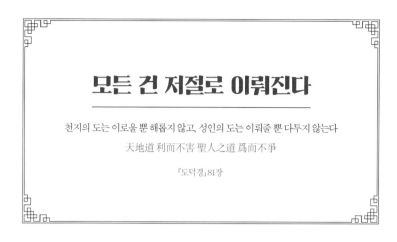

# 모든 건 저절로 이뤄진다

천지의 도는 이로울 뿐 해롭지 않고, 성인의 도는 이뤄줄 뿐 다투지 않는다
天地道 利而不害 聖人之道 爲而不爭

『도덕경』 81장

노자의 가장 중요한 생각 중 하나가 '무위(無爲)'다. '무위로 끝나다'라는 말의 '무위'가 바로 그것이다. '허사가 되었다' 또는 '실패로 끝났다'는 부정적인 의미를 담고 있다.

그런데 '무위'는 노자에게 있어 가장 적극적인 행위를 뜻하는 동시에 가장 최선의 결과를 가져오는 행위이기도 하다. 부정의 상태가 긍정의 결과를 가져온다는 점에서 '무위' 또한 하나의 역설이다. 무위는 아무것도 하지 말라거나 가만히 있으라는 의미가 아니다. 무위를 통해 더 나은 결과를 얻을 수 있고 바라던 목적을 달성할 수 있다는 의미다.

노자는 이를 정치에도 적용했는데, 무위를 행하는 통치자의 모습은 이렇다. "가장 훌륭한 지도자는 사람들이 있는지 없는지도 모르는 지도자다. 그다음은 사람들이 가까이하고 기리는 지도자다. 그다음은 사람들이 두려워하는 지도자다. 가장 좋지 못한 지도자는 사람들의 업신여김을 받는 지도자다. 신의가 모자라면 불신이 따르기 마련이다. 훌륭한 지도자는 말을 삼가고 아낀다. 훌륭한 지도자가 본인 할 일을 다해 모든 게 잘 이뤄지면 사람들은 말한다. '이 모든 건 저절로 이뤄진 것이다'라고."(『도덕경』 17장)

노자가 활동했던 당시의 '정치'는 군주를 비롯한 소수 귀족의 전유물이었으므로 그들의 의사에 따라 모든 게 결정되었다. 그런데 노자는 군주가 백성을 통제하거나 규제하려 하지 않아야 한다고 봤다. 통치는 하나 군림은 하지 않는다.

정치가 저절로 이뤄지다 보니 백성 역시 군주의 존재를 잊고 살아간다. 임금이 정치를 정말 잘해서 백성의 눈에는 '정치를 하지 않는 것'처럼 보인다. 모든 게 저절로 이뤄지는 것처럼 믿는다. 심지어 백성 스스로 자신들이 이룬 성취라고 여긴다. 이 모든 건 '무위'에 따른 정치를 실현했기에 가능한 일이다.

이처럼 정치 수단으로서의 '무위'는 일반적으로 생각하는 정치와 정반대다. 노자는 "억지로 하려는 자는 실패하기 마련이고, 집착하는 자는 잃을 수밖에 없다. 성인은 무위로 하기에 실패하는 일이 없고, 집착하지 않기에 잃는 일이 없다. 사람이 일을 하면 언제나 거의 성공할 즈음에 실패하고 만다. 시작할 때처럼 마지막에도 신중을 기하면 실패하는 일이 없다. 그러므로 성인은 욕심을 없애려는 욕심만이 있고, 귀하다고 하는 걸 귀히 여기지 않으며, 배우지 않으려는 태도를 배우고, 많은 사람이 지나쳐 버리는 것으로 되돌아간다. 만물이 본래 그렇게 살 수 있도록 도울 뿐 감히 뭔가를 더하려 하지 않는다."(『도덕경』64장)고 말했다.

그래서 노자는 무위를 행하는 통치자의 덕을 "훌륭한 덕을 갖춘 사람은 자기의 덕을 의식하지 않기에 그는 정말로 덕이 있는 사람이다. 이에 반해, 하찮은 덕을 갖춘 사람은 자기의 덕을 의식하기에 그는 정말로 덕이 없는 사람이다. 훌륭한 덕을 갖춘 사람은 억지로 한 것이 없기에 억지로 내세울 것도 없다. 이에 반해, 훌륭하지 않은 덕을 갖춘 사람은 억지로 한 것이기에 억지로 내세워야 한다. 훌륭한 인자함을 갖춘 사람은 인자한 일을 하더라도 일부러 인자하게 보일 까닭이 없고, 훌륭한 의로움을 갖춘 사람은 의로운 일을 하더라도 일부러 의롭게 보일 까닭이 없다."(『도덕경』38장)라고 제시하고 있다.

보통 사람은 돈과 명예, 권력 따위를 가지려 하지만 성인은 그렇지 않다. 반대로 행동한다. 덕을 베풀지만 자신의 덕을 의식하지 않고, 인자하게 대하지만 인자하다고 떠벌리지 않으며, 그리하여 후덕하게 행동한다. 결코 자신의 이익에 따라 얄팍하게 행동하지 않는다. 공명정대하게 자신의 일을 해 진정 백성이 잘살수 있도록 최선을 다한다. 노자는 군주가 백성의 삶에 관여하지 않고 멀찍이 떨어져 백성들이 잘살 수 있도록 돕는 걸 최고로 여겼다.

'무위'의 정치를 간단히 정리하면 욕심 없애려는 욕심만 갖기, 귀한 걸 천하게 여기기, 너무 많이 배워 잘난 척하지 않기, 불필요한 일을 하지 않기 등이다. 노자는 간섭하거나 통제하지 말고 그대로 두고 내버려 두라고 조언한다.

때론 아무것도 하지 않는 것이 일에 있어 더 나은 결과를 가져오는 경우가 있다. 조급한 마음을 버리고 섣부른 행동을 자제하고 사태를 관망하며 자신이 해야 할 일을 정확히 파악할 때 올바른 판단을 내릴 수 있다.

노자의 무위는 오늘날 정치에서 말하는 '작은 정부'와 비교할 수 있다. 작은 정부란 시민들의 경제활동에 최소한의 간섭을 행하고 민간의 자율성을 보장하는 정부 형태를 가리킨다. 노자는 국가가 국민의 삶에 더 많이 관여하는 큰 정부에 반대했고 나아가 지도자의 역할을 국민의 자율성을 보장하는 것에 한정했다. 국가의 통제보다 국민의 자율성이 더 나은 정치라고 가정한 것이다. 물론 오늘날 '작은 정부' 개념은 '경제적 자유' 측면에서 '이익 추구 자유'에 중점을 두기 때문에 '욕심 없애기'에 중점을 두는 노자와는 그 목적에서 정반대다.

—— 노자

**애덤 스미스** 노자님이 생각한 이상 국가는 제가 말한 '야경 국가'와 비슷해 보이는군요. 저는 국가가 시장에 대한 개입을 최소화하고 국방과 외교, 치안 등의 질서 유지 임무만 맡아야 한다고 봤습니다. '자유방임주의' 국가라고도 하죠. 말 그대로 시민의 자유를 최대한 보장하는 국가입니다.

**노자** 전 세계를 식민지로 만들어 하나의 커다란 시장을 형성해 '해가 지지 않는 나라'로 불렸던 영국이었기에 가능한 일이라고 봅니다. 개인의 자유로운 경제적 활동을 위해 국가가 개인의 삶에 적극적으로 개입하기보다 개인에게 간섭하지 않는 방임이 필요했겠죠. 하지만 제가 말하는 군주란 정치를 훌륭하게 해나가기에 개인의 삶에 간섭하지 않는 것처럼 보이는 것뿐입니다. 그래서 백성은 모든 게 저절로 이뤄졌다고 믿는 것이죠. 일종의 착각이라고 해도 무방합니다.

**애덤 스미스** 자유방임주의가 아니라고 볼 수도 있겠군요?

**노자** 과거의 군주는 곧 국가를 소유한 사람이었기에 백성도 자기 소유처럼 부렸으니까요. 가혹한 수탈은 물론이고 백성의 목숨 또한 하찮게 여겼습니다. 그래서 저는 정치는 열심히 하되 자신의 존재감은 드러내지 않는 군주를 이상적으로 생각했던 것이죠. 권력 획득을 목적으로 하는 정치인이 권력을 마다하는 상황이 너무나 비현실적으로 보이지만 백성에게는 가장 좋은 통치자니까요.

**애덤 스미스** 그렇게 본다면 국가와 백성이 부유해지는 것도 최고 통치자인 군주에게 달려 있군요. 그런 점에서는 저와 많이 다르겠습니다. 저는 개인이 자신의 이익을 위해 열심히 노력하다 보면 의도하거나 계획하지 않아도 모두의 이익이 증대한다고 믿었습니다. 시장이 '보이지 않는 손'에 의해 자연스레 유지된다고 봤죠.

**노자** 제가 살던 시대만 해도 경제 규모가 그리 크지 않았으니 단순 비교는 어렵겠죠. 더욱이 군주의 영향력이 워낙 컸으니까요. 군주가 백성을 올바르게 이끌고자 하는 마음이 앞서 오히려 백성을 망칠 수 있다는 점에서, 저는 차라리 뭔가를 하지 않는 '무위'를 정치의 방식으로 내세운 것입니다. 그리고 저는 백성들이 이익을 추구하는 걸 부정적으로 생각했습니다. 그런 점에서 저의 무위는 경제적 자유와는 거리가 있죠.

**애덤 스미스** 군주의 역할을 백성 뒤에서 존재를 드러내지 않은 채 백성을 돕는 역할에 한정 지었다는 점에서는 같지만, 목적이 백성의 이익이 아니라 백성의 소박한 삶을 유지하려 했다는 점에서 저와는 극명히 다르군요.

**노자** 그렇죠. 저의 무위에 따른 정치는 영국이 낳은 전설적인 팝스타 비틀즈의 〈Let it be〉에 비유하는 게 오히려 적절하겠어요.

——노자

## ─ 무위의 정치

노자는 외교에서도 무위의 정치를 그대로 적용한다. 노자는 "큰 나라는 작은 나라 아래로 자신을 낮춰 작은 나라를 얻을 수 있고, 작은 나라는 큰 나라를 향해 내려감으로써(따름으로써) 큰 나라를 얻을 수 있다. 한쪽은 스스로 아래에 남을 얻고 다른 한쪽은 스스로 내려가 남을 얻는다. 큰 나라는 단지 사람을 길러주는 것이고, 작은 나라는 단지 남을 섬기려 하는 것이다. 큰 나라와 작은 나라가 각자 자기들이 바라는 바를 얻으려면, 큰 나라가 먼저 자신을 낮춰야 한다."(『도덕경』61장)고 했다.

물론 이것 또한 역설의 하나로 바라봐야 한다. 큰 나라는 자신을 낮춰 작은 나라로부터 원하는 걸 얻고, 작은 나라는 큰 나라를 향해 따름으로써 원하는 걸 얻기 때문이다.

하지만 힘의 논리가 작용하는 국제 사회를 고려하면 매우 비현실적인 발언이다. 그저 노자의 바람 정도로 이해해볼 수 있다. 그럼에도 매우 평화적인 방식이라는 점에서 주목할 필요가 있다. 외교적 협상을 통해 각국이 이익을 취하기 때문이다.

노자는 전쟁에 반대했다. 전쟁은 한 나라나 개인이 폭력으로 다른 나라나 개인을 억압하고 수탈하는 행위다. 문명이 발전할수록 더욱 폭력적으로 변하는 게 전쟁이다. 노자는 전쟁은 아름답지 못하며 살인을 슬퍼해야 한다고 봤다.

이에 "무기는 상스럽지 못한 물건으로 군자가 쓸 것이 못 된다.

어쩔 수 없이 사용해야 하더라도 초연하고 담담하게 여기는 게 최선이다. 승리하더라도 불미스럽게 여겨야 한다. 이를 찬미하는 건 살인을 즐거워하는 것이다. 살인을 즐거워하는 사람은 결코 세상에서 큰 뜻을 펼칠 수 없다."(『도덕경』31장)고 했다.

지금 이 시간에도 세계 곳곳에서 수많은 전쟁이 벌어지고 있다. 누구나 사람 목숨이 소중하다는 사실을 알고 있지만 전쟁이 벌어지는 순간 아군과 적군으로 나뉘어 서로를 죽이려고 애쓴다.

전쟁은 사람을 죽이는 데서 그치지 않고 인간이 쌓아 올린 문명을 파괴한다. 사람들 마음속에 공포와 불안, 복수와 분노 같은 감정들도 생기게 한다. 최근에는 드론이나 로봇같이 조종만으로 전투를 하는 시대에 접어들었다. 사람을 살리려는 게 아닌 전투를 더욱 쉽게 하려는 데 목적이 있다.

노자는 포용의 가치를 강조하며 다투는 대신 감싸 안는 걸 내세웠다. 다툼은 자신이나 타인에게 해를 끼칠 수 있지만 용서는 타인과 자신에게 선을 행한다. 노자는 타인을 돕는 게 곧 자신을 돕는 것이라고 봤다. 타인을 포용하는 마음이 크면 클수록 마음과 덕도 커질 수 있기 때문이다. 노자가 겸양과 유약의 덕을 으뜸으로 꼽은 것도 이런 이유에서다. 비록 그것이 이상적일지 몰라도 현실에서 가장 필요한 일임엔 틀림없다.

그래서 노자는 통치자가 항상 백성을 도우려 해야 한다고 봤다. 돕기는 하되 티는 내지 않는 게 노자가 생각하는 '무위의 정치'

──노자

다. 하여 "하늘의 도는 활을 당기는 것과 같다. 높은 쪽은 누르고 낮은 쪽은 올리며, 남으면 덜어주고 모자라면 보태준다. 하늘의 도는 남는 데서 덜어내 모자라는 데에 보태지만, 사람의 도는 그렇지 않아 모자라는 데서 덜어내 남는 데에 바친다. 남도록 가진 사람으로 세상을 위해 봉사할 수 있는 사람이 누구겠는가. 오직 도 있는 사람만이 그렇게 할 수 있다."(『도덕경』77장)고 했다.

노자는 또한 무위의 정치를 겸손(겸허)과 부쟁(화해)으로 해석했다. 그는 "강과 바다가 모든 골짜기의 왕이 될 수 있는 까닭은 스스로 낮추기 때문이다. 백성 위에 있고자 하면 스스로 말을 낮춰야 하고, 백성 앞에 서고자 하면 스스로 몸을 낮춰야 한다. 그러므로 성인은 위에 있어도 백성이 부담스럽게 느끼지 않고, 앞에 있어도 백성이 해롭게 여기지 않는다. 그리하여 세상 모든 사람이 그를 즐겁게 받들고 싫어하지 않는다. 다투지 않기에 세상이 아무도 그와 다투지 못한다."(『도덕경』66장)고 했다.

아무것도 가지지 않고 또 가지려 하지 않으며 오히려 자신을 부족하다고 여기는 사람, 그가 바로 무위를 행하고 도를 깨치며 세상의 군주가 될 수 있는 사람이다. 자신을 내세우기보다 타인을 높이고, 권력을 강화하기보다 백성이 스스로 잘살 수 있게 만들며, 자신의 희생을 통해 세상이 안정될 수 있도록 한다. 노자는 지성적으로나 인격적으로 고매한 성인이 군주가 되어 무위를 통해 다스린다면 세상에 평화가 올 거라고 믿었다.

**공자**  무위에 따른 정치라. 결국엔 인격적으로 훌륭한 임금이 백성을 다스려야 한다는 점에서는 저와 다를 게 없군요. 저는 요순 임금이 바로 그런 사람들이라고 여겼고 요순 시대를 태평성대한 때로 여겼습니다. 이에 따라 정치를 해야 한다고 강조했죠.

**노자**  맞습니다. 제가 말하는 '성인'이란 '훌륭한 군주'를 일컫는 말이고, 훌륭한 군주는 성인이 해야 한다는 의미이기도 하죠. 성인은 언제나 신중을 기해 일을 그르치지도 않고 사람들 앞에서 자기를 뽐내려 하지도 않습니다.

**공자**  하지만 인과 예를 내세웠던 저의 방식과는 전혀 다르군요. 저는 인과 예로 다스려야 비로소 백성이 올바른 윤리 의식을 갖고 윤리적 사회를 이룩할 수 있다고 봤습니다. 이런 점에서 군주가 무지렁이 백성을 교화해야 한다고 봤죠.

**노자**  하지만 공자님. 군주들이 뭔가를 해서 백성의 삶이 나아진 적이 있습니까? 오히려 피폐해지기만 했습니다. 백성을 위한다는 것이 오히려 백성을 해치는 일이 되는 경우가 많았죠. 그래서 저는 차라리 뭔가를 하지 않는 '무위'를 정치 방식으로 내세운 것입니다. 제발 백성을 이끌어가려 하지 말고 그대로 두라고 말입니다. 백성을 올바른 길로 이끌어가려는 마음은 이해하지만, 그것이 지나치면 잘살던 백성에게 오히려 혼란을 줄 수 있지 않을까요?

── 노자

**공자** 그렇다고 그대로 내버려 두는 것이 백성을 구제하는 일일까요? 정치란 올바르지 않은 걸 올바르게 만드는 일이기도 합니다. 문제들을 개선하지 않고 내버려 둔다면 문제들을 더욱 악화시킬지도 모릅니다.

**노자** 어떤 의도인지는 알지만, 춘추전국시대는 통치자가 백성을 수탈하고 억압하던 시대였으니 차라리 아무것도 하지 않는 것이 백성을 위한 선택인지도 모릅니다. 그렇게라도 백성들이 숨을 쉴 수 있다면 말이죠.

# 중국 최초의 미니멀리스트

가장 훌륭한 변론은 가장 어눌하게 보인다

大辯若訥

『도덕경』 45장

노자의 생각에서 가장 흥미로운 것 중 하나는 그가 이상적으로 여기는 국가의 형태다.

"나라는 작고 인구는 적어야 이상적이다. 열 가지 백 가지 기계가 있으나 사용하지 않는 것이 좋다. 백성의 죽음을 중히 여겨 멀리 이사 가는 일이 없도록 해야 한다. 비록 배와 수레가 있어도 타는 일이 없고, 갑옷과 무기가 있어도 이것으로 진을 칠 일이 없어야 한다. 사람들이 다시 새끼를 꼬아 쓰게 하고, 음식을 달게 여겨 먹도록 하며, 옷을 아름답게 생각해 입도록 하고, 거처를 편안하게 여기도록 하며, 각자의 풍속을 즐기도록 해야 한다. 이웃 나라가 서로 바라보이고, 닭 우는 소리와 개 짖는 소리가 서로 들리더라도, 늙어 죽을 때까지 사람들이 서로 왕래하는 일이 없어야 한다."

-『도덕경』80장

종합해보면 '나라'라고 표현하기에 민망할 정도로 규모가 작은 '시골 마을'이 노자가 말하는 이상적인 나라다. 서로 왕래가 없으니 개방적이기보다 폐쇄적인 공동체다. 또한 문명이 발전되지 않은 상태를 지향한다. 과학 기술로 쌓아 올린 현대 문명 사회에서 보면, 문명이 발전하지 않은 상태로 돌아가야 한다는 노자의 생각을 받아들이기 쉽지 않다. 과거보다 더 많은 걸 소유할 수 있고 더 많은 걸 생산할 수 있으며 더 많은 걸 추구할 수 있는 시대이기 때문이다.

그런데 왜 노자는 이런 국가를 이상적으로 여겼을까? 인간의 문명은 자연을 개발하고 새로운 문물을 만들면서 인류의 욕망을 채우는 방식으로 발전해왔다. 특히 산업혁명 이후 폭발적으로 늘어난 생산량에 힘입어 현대 문명은 그 어느 때보다 풍요로운 삶을 유지했다. 그렇지만 인간의 끝없는 욕망을 충족하려다 보니 곳곳에서 문제들이 나타났다. 가진 자와 못 가진 자 사이의 경제적 불평등, 지구 전 지역에서 등장한 환경 오염과 생물 멸종, 대량

살상무기를 동원한 전쟁 등 전 세계적으로 인류가 직면한 광범위한 문제가 그것이다.

이런 문제는 모두 인간의 무한한 욕망 추구에 원인이 있다. 노자는 욕망을 경계한 철학자였는데, 그의 반문명적인 생각 역시 욕망을 부정적으로 바라보는 데서 비롯되었다. 그래서 노자는 소박한 삶을 동경했다.

소박하다는 것은 순박함과 뜻이 통하는데, 욕심이 없고 선하고 순한 마음을 가리킨다. 노자는 이를 '통나무'에 비유하면서 아직 가공하지 않은 나무인 통나무가 욕심 없는 인간의 모습을 가리킨다고 봤다. 통나무를 가공해 그릇을 만들면(곧 문명의 '이기'다) 그에 따라 인간의 욕망도 늘어나고 인간의 마음도 간사해진다고 봤다.

노자는 플러스 방향이 아니라 마이너스 방향을 추구했다. 지식을 추구하든 사랑을 추구하든 돈을 추구하든 힘을 추구하든, 모든 게 더하고 보태는 '플러스' 방향이다. '플러스' 방향에서는 늘 채우려 한다. 채움은 넘침을 전제로 한다. 넘치면 문제가 발생한다. 그는 "지족할 줄 모르는 것보다 더 큰 재앙은 없고, 갖고자 하는 욕심보다 더 큰 허물은 없다. 그러므로 지족해 얻는 만족감이 참된 만족이다."(『도덕경』 46장)라고 했다. 자신이 소유한 것들을 돌아보고 자신의 욕망이 어떠한지를 직시하라고 강조했다.

무위의 방식이란 쌓고 쌓아 뭔가를 이루는 게 아니라 없애고 없애 뭔가를 이루지 않는 방식이다. 더하고 보태는 게 아니라 빼고 덜어내는 방식이다. 노자는 더하고 보태는 대신 빼고 덜어내라고 말한다. 빼고 덜어내는 '마이너스' 방식을 통해 노자가 궁극적으로 추구했던 게 바로 '삶의 균형'이다.

욕심을 줄이면 갖고 싶은 게 줄어들고 갖고 싶은 게 줄어든 사람은 갖기 위해 애쓰지 않기 때문에 한결 가벼운 마음으로 살아갈 수 있다. 명상이니 요가니 온갖 마음공부가 유행인 까닭도 마찬가지다. 복잡다단한 인생에서 한 발짝 물러나 있고 싶고 잠시나마 마음이든 몸이든 쉬고 싶은 마음에서 비롯되었다.

'욜로'와 같은 삶의 방식들은 현대 사회가 가진 문제에 대한 반작용에서 비롯되었다. 더 이상 채울 것도 없고 채운다 한들 행복하지 않고 공허하기만 한 현실에 대한 냉소와 비판으로부터 비롯된 현상이다.

단순함과 간결함을 추구하는 20세기의 미적 흐름 중 하나인 미니멀리즘이 하나의 철학이자 삶의 방식으로 또 문화적 코드이자 예술의 도구로 자리 잡은 것도 이 때문이다. 이런 맥락에서 보면 노자는 중국 최초의 미니멀리스트일 것이다.


**노자** 저는 사람이 배울수록 영악해지는 모습을, 문명의 이기를 사용하면서 편리함에 익숙해지고 마음이 간사해지는 것을 자주 목격했습니다. 인간 세상이 왜 이렇게 어지러워졌을까요? 왜 정치는 올바르지 못하고 사람들은 고통받으며 살아가야 할까요? 저는 '도'가 사라졌기 때문이라고 봤고 그 원인을 인이나 예와 같은 제도와 형식으로 돌렸습니다. 그리하여 덧붙이기보다 빼는 것이, 더하기보다 덜어내는 것이 더 중요하다 여겼지요.

**공자** 덧붙이기보다 빼고 더하기보다 덜어낸다, 정말 멋진 말이군요. 성인이 만드신 제도와 형식을 비판하다니 안타깝지만 의도는 충분히 납득할 만합니다. 그것이 노자님이 자주 이야기하던 '무위'의 의미인가요?

**노자** 그렇습니다. 제가 생각하는 무위란 반문명적인 방식을 가리킵니다. 제가 생각하는 '도'이기도 하고요.

**에리히 프롬** 전 인간의 생존 양식을 재산·지식·사회적 지위·권력 등의 소유에 전념하는 '소유 양식'과 자기 능력을 능동적으로 발휘하며 삶의 희열을 확신하는 '존재 양식'의 두 가지로 구분했습니다. 사람들은 자기를 부, 명예, 권력 같은 것들로 채우길 원합니다. 그런 것들을 가지면 삶이 편해지는 게 사실이기도 하죠. 그렇지만 인간의 삶에는 그것으로도 채워지지 않는 무엇이 있습니다. 자기가 누구인지를 알고 타인이 아닌 자기의 모습으로 살아가는 일은 인생의 과업입니다.

**노자** 옳은 말씀입니다. 인간이 부와 명성을 얻고자 좇다 보면 참된 자신을 잃어버릴 수 있습니다. 진실로 원하는 삶보다 부와 명성이 이끄는 대로 끌려다니기 마련이지요. 그래서 저는 이 모

—— 노자

든 것과의 결별을 선언했습니다. 이것이 '무위'입니다. 뭔가를 더하거나 보태기보다 빼고 덜어내는 것이죠. 현대적으로 말하자면 미니멀리스트의 삶이라고 볼 수 있어요.

**에리히 프롬** 노자님의 무위란 '멍때리기'에 비유할 수 있겠어요. 현대 사회는 '소비가 곧 존재'라고 말합니다. 그러나 모두가 이 말에 속고 있는 것입니다. 때론 소비를 멈추고 자신이 뭘 하는지 볼 줄 알아야 합니다. 자신의 주체성을 찾아야 합니다. 그러기 위해 소유하지 말고 존재할 수 있어야 합니다. '멍때리기'는 존재하고자 하는 사람들이 보이는 반작용이라고 할 수 있어요. 자기 스스로 외부에서 들어오는 감각들을 끊어버리고자 하는 마음이죠.

**노자** 그렇죠. 온갖 SNS를 통해 공유되는 정보들로 현대인의 마음은 바쁘기만 합니다. 자기 존재감은 뭔가를 소유하는 데서 얻어지는 게 아니에요. 스스로 자신을 통제할 수 있어야 하죠. 이것이 프롬님이 말하는 '존재 양식'이라고 봅니다. 이리저리 자신의 욕망에 이끌려 다니는 사람이 어찌 진정 원하는 걸 바로 볼 수 있을까요.

**에리히 프롬** 누구나 타인이 아닌 자기 모습으로 살아가는 건 아니고 누구나 타인이 아닌 자기 모습을 찾을 수 있는 것도 아닙니다. 때론 자기 모습이 무엇인지 헷갈리기도 하고 이것이 자기 모습이라고 확신해도 지키며 살아가기 어려운 때도 있기 때문이죠. 삶의 주인공이 자기가 아닌 남이 된 것처럼 살아가기도 하고요. 그럼에도 이것에서 벗어날 수 있어야 비로소 온전히 자기 결정으로 살아갈 수 있다고 봅니다.

## — 스스로 부족하다고 생각하는 마음

*"세상 사람 모두 여유 있어 보이는데, 나 홀로 빈털털이 같다. 내 마음 바보의 마음인가 흐리멍덩하기만 하다. 세상 사람 모두 총명한데 나 홀로 아리송하고, 세상 사람 모두 똑똑한데 나 홀로 맹맹하다. 바다처럼 잠잠하고 쉬지 않는 바람 같다."*

*— 『도덕경』 20장*

노자가 말한 것 중 가장 인상적인 구절이다. 자기 독백이자 고백처럼 들리기도 한다. 노자는 자신을 빈털털이로, 흐리멍덩한 사람으로, 맹맹한 사람으로 묘사한다. 그는 무위와 무위를 실천하는 성인의 모습이 현실적으로 힘들다는 걸 알고 있었을지 모른다.

한편 세상 사람들에 대한 비판으로 볼 수도 있다. 자신의 주장이 옳다고 떠들기 전에 그것이 정말 사회에 이익이 되는지 따져 묻고, 좋은 주장을 늘어놓기 전에 실천으로서 모범을 보이는 게 중요하기 때문이다.

노자는 갓난아기와 비슷한 모습으로 살아가길 바랐다. 갓난아기는 아직 자의식이 없다. 의도되고 계산된 마음이 없다. 닥치는 대로 손에 쥐거나 입에 넣고, 뭔가를 가지려는 욕심도 없고 남을 해치려는 마음도 없다. 그저 본능대로 행동할 뿐이다. 그렇기에 하루 종일 울거나 놀아도 지치지 않는다. 갓난아기는 노자가 이상적으로 여기는 순박하고 순수한 모습 그대로다. 그는 갓난아기와 같은 마음으로 행동하는 걸 무위로 봤다.

노자가 생각한 인간의 본래 모습은 현대 사회의 욕망을 추구하는 인간형과는 정반대인 순박한 사람이었다. 매우 겸손하고 어눌하며 바보스럽기까지 하다. 노자는 "귀한 것은 천한 것을 근본으로 삼고, 높은 것은 낮은 것을 바탕으로 한다. 이런 까닭에 왕과 제후는 스스로 '모자란 사람[孤]' '부족한 사람[寡]' '선하지 않은 사람[不穀]'이라고 칭한다. 이것이 바로 천한 것을 근본으로 삼는 것 아니겠는가."(『도덕경』 39장)라고 말하며 모자라고 부족하며 선하지 않은 것들, 일반적으로 사람이 꺼리고 가볍게 여기는 것들을 중시했다.

이런 점에서 군주 역시 예외는 아니었다. 조선 시대 왕이 스스로를 가리켜 '과인'이라고 했을 때의 그 '과(寡)'가 바로 '부족한 사람'을 뜻한다.

정말 부족해서라기보다 그런 마음으로 정치를 하라는 뜻이었다. 모든 군주가 스스로 자신이 모자라고 부족하며 선하지 않은 사람으로 여겨 언제나 자신을 낮추고 백성을 위하는 마음으로 살아간다면, 백성이 군주를 원망할 일도 나라가 무너질 일도 없을 테니 말이다.

심지어 노자는 똑똑한 사람을 숭상하지 말고 백성을 많이 배우지 못하게 해야 한다고 주장했다. '똑똑한 사람들'이란 자신의 권력을 이용해 백성을 탄압하고 사리사욕을 추구하는 지배 세력들로 '적폐 세력'을 가리킨다. 백성을 많이 배우지 못하게 하라는 의미 역시 이런 맥락이다. 아는 게 많을수록 간사해지는 경향이 있기 때문이다.

노자가 말하는 이상적인 인간은 현실에서 바보처럼 보일지 모른다. 노자가 겸양의 덕을 강조한 이유도 '잘난 체'하는 사람들이 가져오는 폐단에 있었다.

많은 사람이 뭔가를 이루고자 애쓰고 목적을 갖고 살아가야 한다고 믿는다. 그러나 원하는 걸 얻고자 끊임없이 애써 왔는데 어느 순간 무의미하게 느껴질 때도 있고, 뭔가에 쫓기듯 불안하고 초조하며 만족스럽지 못하다고 느낄 때도 있다.

이럴 때 무위는 작은 위안을 던져준다. 무위는 억지로 뭔가를 하지 않고 애써 뭔가를 하지 않는, '뭔가를 하려는 마음 없이 하는' 상태를 가리킨다. 노자는 꼭 뭔가를 가지고자 애쓰고 뭔가를 가져야만 인생이 풍요로운 건 아니라는 깨달음을 준다.

**김수환** 저는 늘 저를 '바보'라고 칭했습니다. 다 같은 사람인데, 안다고 나대고 어디 가서 대접받길 바라는 게 바보 같은 짓이아닌가 해서 말이죠. 어쩌면 제가 가장 바보스럽게 살았다는 생각을 했습니다. 제가 쓴 책의 제목 역시 『바보가 바보들에게』거든요.

**노자** 지당하신 말씀입니다. 저랑 통하는 분을 만나 정말 반갑군요. 저는 사람들에게 물처럼 살라고 했습니다. 결코 자신을 내세우는 법이 없지만 다른 사물들을 항상 돕기 때문이죠. 저는 또한 사람들이 자신만의 방식대로 살아가길 바랐습니다. 그래서 군주라는 사람도 그렇게 되길 바랐지요.

**김수환** 노자님이 생각하는 군주는 언뜻 봐서는 군주의 위치에 전혀 어울리지 않습니다. 군주란 대개 권력의 정점에 있는 사람인데, 노자님은 군주가 항상 물처럼 낮은 곳에 있어야 한다고 주장했기 때문이죠. 하나님의 가르침과도 일치합니다. 그렇지만 사람들은 남보다 더 높은 곳에 있길 원합니다. 땅은 더이상 내려갈 수 없을 만큼 모든 것 아래에 있고, 세상 모든 사람은 땅을 딛고 살지만 땅의 고마움을 모르는 것과 마찬가지죠. 더구나 노자님 말씀처럼 자신을 부족하다고 여기는 군주는 이 세상에 없을 것입니다.

**노자** 인간의 마음이란 그렇습니다, 간사하죠. 늘 욕망을 따르고요. 성인은 억지로 뭔가를 하려고 하지 않기에 백성이 절로 따르

고, 성인 스스로 고요하게 머무르니 백성의 마음도 절로 교화
되며, 성인이 쓸데없는 일을 벌이지 않으니 백성이 부유해지
고, 성인이 욕심을 부리지 않으니 백성 역시 순박한 마음을
가지는 것이죠.

**김수환**  정말 깊게 새겨들을 말인 것 같습니다. 솔선수범을 보여야
사람들이 따르기 마련이고 사람의 마음을 얻을 수 있습니다.
예수도 처음엔 많은 핍박을 받았지만 결국 그분의 진심을 깨
닫고 만인이 따르게 되었죠. 평소 영혼을 풍족케 하고 만족
케 하는 건 풍부한 지식이 아니라 사물의 내용을 깊이 깨닫
고 맛보는 거라고 여겼는데, 노자님의 생각이 여기에 딱 어
울립니다.

**노자**  김수환 추기경님이야말로 세상 사람들을 위해 헌신한 분이
신데요. 제가 오히려 부끄러울 따름입니다.

# 3장

# 차별 없이 사랑하고
# 평화를 지키는 법

_묵자

기원전 400년 전후 사람으로, 공자보다는 조금 뒤에 맹자보다
는 조금 앞선 시대에 살았다. '겸애'라고 부르는 '차별 없는 사
랑'을 주장하며 피지배층인 백성과 힘없는 약소국을 대변했다.
특히 묵자와 그의 무리인 묵가는 전쟁의 위험에 처한 약소국
들을 돕기 위해 '방어 전쟁'을 치르는 독특한 집단이었다. 그들
은 전쟁 무기를 직접 제작하는 전문 기술자들(엔지니어)이기도
했다.

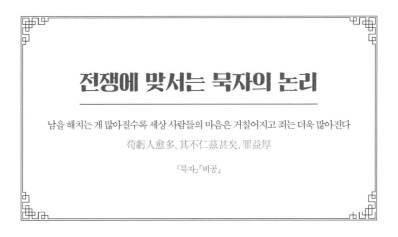

# 전쟁에 맞서는 묵자의 논리

남을 해치는 게 많아질수록 세상 사람들의 마음은 거칠어지고 죄는 더욱 많아진다
苟虧人愈多, 其不仁茲甚矣, 罪益厚

『묵자』「비공」

전쟁은 인류의 역사와 함께해왔다고 해도 과언이 아니다. 과거에는 약탈이 매우 중요한 경제적 수단이었다. 물론 생산력이 발달한 오늘날에도 주요 자원을 차지하기 위한 또는 권력을 유지하기 위한 전쟁이 수시로 벌어지고 있다. 더 많은 자원을 확보하고 활용하는 것이 경제적으로 유리하고 국가의 이익을 증대하는 일이기 때문이다.

그렇지만 전쟁은 모든 걸 파괴한다. 무엇보다 사람의 마음을 파괴한다. 침략당한 사람이나 침략한 사람 모두에게 돌이킬 수 없는 상처를 입힌다.

춘추전국시대에는 지금처럼 가공할 만한 파괴력을 지닌 무기가 없었지만 빈번한 전쟁은 백성의 삶을 황폐화시켰다. 과거에는 대다수 국민이 평시에는 노동자로, 전시에는 군인으로 살아야 했다. 상비군이 없는 나라가 더 많았다. 현대 국가에서 상비군은 기본이지만, 상비군 유지 예산을 고려해보면 생산성이 떨어지던 과거에 상비군 유지가 얼마나 어려운지 짐작할 수 있다.

전쟁이 시작되는 순간 주민들 모두 군인으로 징발되어 농사를 짓는 게 더 이상 불가능하다. 농사를 짓지 못하니 남은 백성이 굶주리기 마련이다. 그러니 전쟁을 한 번 일으키는 건 국가 경제를 뿌리째 흔드는 일이었다. 물론 침략을 받는 국가도 마찬가지였다.

전쟁을 일으켰던 그렇지 않던 전쟁에 휘말리는 순간 승리는 필수였다. 닥치는 대로 사람을 죽이고 노예로 삼던 이런 시대에, 전쟁에 반대하고 전쟁이 일어나는 걸 막고자 나선 사람이 있었다. 바로 '묵자'였다.

초나라에 공수반이라는 사람이 있었다. 노나라 출신으로 천민 신분이었지만 기술이 뛰어나 대부 자리에까지 오른 사람이었다. 곡척(90도 각도로 만든 자)을 최초로 만든 인물로 전해질 만큼 수준 높은 기술을 갖고 있었던 그는 초나라 왕의 명령으로 아무리 높은 성이라도 쉽게 오를 수 있는 공성 기구 '운제'를 제작하고 있었다. 초

——묵자

나라 왕은 이 무기로 송나라를 공격하려는 계획을 갖고 있었다. 이 소식을 들은 묵자는 한달음에 제나라에서 초나라로 달려갔다.

"선생은 어인 일로 이 먼 곳까지 발걸음을 하셨습니까?"

"북쪽 지방에 사는 어떤 이가 나를 얕잡아 보기에 내 당신의 힘을 빌려 그를 없애려고 하오. 일을 처리해준다면 보상을 넉넉히 해 드리겠소."

이 말을 들은 공수반이 언짢게 말했다.

"저는 의롭기에 사람을 죽이지 않습니다."

그러자 묵자는 의아한 표정으로 말했다.

"선생께서 운제를 만들어 송나라를 공격하려 한다는 말을 들었습니다. 아무 죄도 없는 송나라를 공격한다는 건 어질다고 할 수 없습니다. 이를 알면서도 왕에게 고하지 않는 건 충성스러운 신하의 행동이 아니고, 끝내 왕을 설득하지 못한다면 강직하다고 할 수 없겠지요. 의롭기에 사람을 죽이지 않으신다고 말씀하셨으면서 어찌 수많은 사람을 죽일 수 있는 전쟁에 참가하시려 하는 게요."

묵자의 말을 들은 공수반은 잘못을 뉘우쳤지만 이미 왕에게 운제를 만들었다는 사실을 알린 후라 난감해했다. 이에 묵자는 공수반과 함께 초나라 왕을 만나러 갔고, 왕을 만난 자리에서 묵자는 자신에게 운제를 막을 기술이 있다고 시연해 보였다. 공수반이 아홉 가지 방법을 동원해서 공격을 해봤지만 묵자는 그때마다 다양한 기술로 막아냈다. 그러자 화가 난 공수반이 말했다.

"나에겐 선생의 기술을 막을 방법이 있으나 여기에서 말하지는 않겠소."

이 말을 들은 묵자가 입가에 웃음을 띤 채 초나라 왕을 보고 말했다.

"그 마지막 방법이란 저를 죽이는 것이지요. 하지만 저를 죽인다 한들 소용없을 것입니다. 저와 똑같은 기술을 사용할 수 있는 저의 제자들이 이미 송나라에 당도해 있으니까요."

결국 초나라 왕은 송나라를 공격할 계획을 포기했다. 그렇지만 안타깝게도 묵자와 제자들이 송나라에서 환영을 받은 건 아니었다. 당시 묵자와 제자들은 피지배 계층에게 엄청난 지지를 받고 있었다. 비록 그들이 약소국을 도와준다고 해도 그들이 그 나라에 거주한다면 백성은 왕을 따르기보다 묵자의 세력을 따를 가능성이 높았기 때문이다. 이를 두려워한 왕들은 전쟁이 끝나기 바쁘게 묵자와 제자들을 나라 밖으로 내쳤다.

―『묵자』「공수편」


묵자와 묵자를 따르는 무리를 일컬어 '묵가'라고 부르는데, 일종의 '무사 집단'으로 오늘날에 비유하면 '용병 집단'이라고 할 수 있다.

그러나 전투 기계라기보다 기술자였고 어느 정도 지식을 쌓은 집단이었다. 현대에 비유하면 전쟁 기계를 개발하는 과학자이자

――묵자

엔지니어이며 반전평화운동가라고 할 수 있겠다. 비록 그들은 작은 집단이었지만, 이 나라 저 나라를 전전하며 백성을 위해 대신 싸우고 희망을 선사했다.

묵자를 로빈 훗이나 체 게바라에 비유할 수도 있을 것이다. 로빈 훗은 의적으로 관리를 약탈해 가난한 사람들에게 나눠줬던 영국 전설 속 사람이다. 체 게바라는 쿠바 혁명을 이끈 사람으로 라틴 아메리카의 가난한 이들을 위해 싸웠다. 그는 제국주의, 식민지주의, 독점 자본주의에 맞서 사회주의 혁명을 지지했고 기득권의 가식을 폭로하기도 했다. 또한 사회 정의를 위해 전투와 폭력의 정당성을 주장하기도 했다.

방어 전쟁으로 더 큰 전쟁을 막으려 했던 묵자 역시 가난한 백성들을 위했고, 이를 위해 '전쟁'이라는 폭력을 옹호했다는 점에서 비슷하다.


**알버트 아인슈타인** 묵자님은 전쟁을 싫어한다고 들었는데 어찌 무기를 만드는 건지요? 전쟁을 즐기는 것 아닙니까?

**묵자** 그럴 리가요. 오히려 전쟁을 막기 위해서죠. 이 무기들은 전쟁을 하기 위해 만든 게 아니라 전쟁을 막기 위해 만든 것입니다. 저는 방어를 위해 어쩔 수 없이 전쟁을 준비한 것이지 공격을 위한 전쟁을 치르고자 한 것은 아닙니다.

**알버트 아인슈타인** 방어를 위한 전쟁이더라도 전쟁은 전쟁이죠.

폭력은 폭력을 부를 뿐이고 전쟁은 전쟁을 부를 뿐입니다. 그것으로는 진정한 평화를 이룰 수 없어요.

**묵자** 물론 아인슈타인님의 우려대로 폭력이 폭력을 불러일으킬 수도 있겠지요. 하지만 전 여러 차례 전쟁을 막아냈습니다. 현대 사회에서도 보듯 강력한 무기가 전쟁을 억제하는 역할도 합니다. 눈에는 눈, 이에는 이죠.

**알버트 아인슈타인** 묵자님이 원하시는 건 평화가 아닙니까? 방금 하신 말씀은 참된 의미에서의 평화가 아닙니다. 마지못해 폭력을 휘두르지 않는 것일 뿐이니까요. 오히려 잠재된 폭력이 지속될 뿐이에요. 계속되는 무기 증강이 과연 세계 평화를 가져오리라 봅니까?

**묵자** 이것으로 인류의 역사에서 전쟁이 사라질 거라고 보진 않아요. 하지만 도덕으로는 전쟁을 막을 수 없지만 무기로는 전쟁을 막을 수 있겠지요. 도덕이 없는 자들에게 도덕을 구하는 것보다 이것이 더 현실적이지 않을까요.

**알버트 아인슈타인** 20세기에 이르러 인류는 두 번의 커다란 전쟁을 일으켰습니다. 2차 세계대전 당시 저는 히틀러와 독일의 핵무기 개발에 맞서 미국의 핵무기 개발에 앞장섰죠. 당시 수많은 과학자가 여기에 동참했습니다. 전쟁을 끝내기 위해서였죠. 그런데, 일본 나가사키와 히로시마에 각각 핵무기가 투하되고 나서 우린 처참하고 비참한 광경을 목격해야 했습니

　　　　　　　　　　　　　　　　　　　　　　—— 묵자

다. 한순간에 모든 게 사라져버렸죠. 모든 게 말이에요! 그걸 우리 손으로, 인간의 힘으로 했다는 게 너무나 끔찍했어요. 이후 저는 핵무기와 전쟁에 반대하는 반전평화운동에 동참했습니다.

**묵자** 정말 안타까운 일이지만, 핵무기가 없던 우리 시대에 저의 방식이 최선이었다는 생각에 변함은 없어요.


## — '방어 전쟁'의 논리

묵자는 근본적으로 전쟁에 반대했다. 그는 "한 사람을 죽이면 불의로 보고 반드시 그 죄를 묻는다. 그렇다면, 열 사람을 죽일 경우 그 불의가 열 배가 되어 반드시 열 사람을 죽인 죄를 받아야 하고, 백 사람을 죽인 경우 불의가 백 배가 되어 반드시 백 사람을 죽인 죄를 받아야 한다. 천하의 군주들은 이를 알고 비난하며 불의로 여긴다. 그런데, 지금 다른 나라를 공격하는 불의에 대해서는 비난할 줄 모르고 오히려 칭송하며 의롭다고 말한다. 진짜 불의가 무엇인지 모르는 것이다. 만일 불의를 안다면 어찌 불의를 책에 적어 후세에 남기겠는가."라고 말했다.

또한 "어떤 사람이 약간 검은 걸 보고 검다고 말하다가 많이 검은 걸 보고 희다고 말한다면, 그는 분명 흑백을 구분할 줄 모르는 것이다. 조금 쓴 걸 맛보고서 쓰다고 말하다가 많이 쓴 걸 맛보고는 달다고 말한다면, 그는 분명 단 맛과 쓴 맛을 구분할 줄 모르는 것이다. 작은 잘못을 저지르는 걸 보고서는 불의라고 비난하다가 남의 나라를 공격하는 큰 잘못을 저지르는데도 비난하지 않고 오히려 칭송하며 의롭다고 말한다면, 의와 불의를 구분할 줄 모르는 것이다. 천하의 군자가 의와 불의를 분별하지 못한다고 볼 수 있다."고도 말했다.

그렇다, 한 사람을 죽이는 것이나 두 사람을 죽이는 것이나, 일상에서 사람을 죽이는 것이나 전쟁에서 사람을 죽이는 것이나, 사람을 죽이는 것에는 차이가 없다. 전쟁에 참가했던 군인들이 전쟁이 끝나고 고국으로 돌아온 후 전쟁 후유증으로 고통스러운 나날을 보내는 걸 보면 알 수 있다.

그들은 분명 나라를 위해, 정의를 위해 또는 군인이라는 직업 때문에 전쟁에 참여했을 것이다.

분명 '전쟁'이라는 특수 상황에서 누군가를 죽이는 것에 대해 비난하는 사람이 없더라도 그들 마음속에는 누군가를 죽여야 했다는 사실에 대한 도덕적 죄의식 또는 죄책감이 망령처럼 되살아난다.

누군가는 '정의로운 전쟁'에 대해 말한다. 어떤 나라를 침공할 때 그 나라의 국민을 그 나라의 독재자로부터 해방시켜준다는 명분을 내세우는 경우가 있다. 또는 침공하는 나라가 다른 나라를 침공해 국제 질서를 어지럽히기 때문이라는 명분을 내세우기도

── 묵자

한다.

그런데, 정말 그것이 정의로운 전쟁일까? '전쟁' 앞에 '정의'가 붙는다고 전쟁이 정의로워질 수 있을까?

묵자는 이런 명분을 내세우며 사람을 죽이는 전쟁을 비판했다. 묵자가 '침략 전쟁'에 맞서 '방어 전쟁'으로 세상을 구제하고자 했던 것도 이런 이유에 있다.

이런 점에서 러시아의 우크라이나 침략은 세계인을 놀라게 한 사건이었다. 전쟁이 발발하리라고는 그 누구도 예상하지 못했다. 21세기에 전쟁이라니, 어울리지 않는 느낌마저 갖게 한다.

더욱이 대통령 한 사람에 의해 전쟁이 발발했다는 사실도 새삼스럽다. 전쟁을 결정하는 건 국가 지도자들이지만 전쟁에 참여하는 건 일반 시민들이다. 어느 한 곳에서는 인류의 평화를 외치고 다른 한 곳에서는 전쟁을 외치는 게 아이러니하지만 인간의 삶이기도 하다.

**토마스 아퀴나스** 묵자님의 전쟁은 정당하다고 생각합니다. 저는 정당한 전쟁이 있다고 봤죠. 그 정당성에는 세 가지 기준이 있습니다. 첫째, 군주의 권한으로 승인된 전쟁으로 사적 야망에서 비롯된 것이 아니어야 합니다. 둘째, 공격받아 마땅한 상대를 대상으로 전쟁을 치러야 합니다. 그저 남의 나라가 갖고 싶어 침략했다면 맞서야겠죠. 인도주의적 개입 또한 정당합니다. 마지막으로 전쟁을 하더라도 피해를 최소화하고 문제를 해결해야 하며 평화를 우선시하는 등 선한 결과를 지향해야 합니다.

**묵자** 저의 방어 전쟁과 일치하는군요. 사적 야망에 맞선 군주들을 상대로 했으니 공격받아 마땅합니다. 더욱이 방어 전쟁이고 최신식 무기를 통해 속전속결로 전쟁을 끝냈으니까요.

**토마스 아퀴나스** 묵자님과 묵자님을 따르는 무리는 사람들을 도와주고도 자신의 공을 내세우거나 그들을 지배하지 않았습니다. 정말 어려운 일이지요. 누구나 권력을 갖길 바라고, 한 번 권력을 쥐면 더 큰 권력을 쥐려고 하는 게 사람이니까요. 사람들이 그런 것에 매료되어 당신을 따랐던 게 아닐까요.

**묵자** 저를 비판하는 사람들도 많지만 전 백성이 폭정과 전쟁에서 해방되길 진정으로 바랐습니다. 저라고 호의호식하고 싶지 않았을까요. 그렇지만 세상엔 개인의 영달보다 더 중요한 게 있는 법이지요. 타인을 위하는 삶 역시 가치 있는 일이고요.

**토마스 아퀴나스** 그 목적과 의지에 감탄했습니다. 현대 사회에서는 '정당한 전쟁' 대신 '합법적 무력'이라는 말을 사용하더군요. 특히 'UN'이라는 국제기구에서는 위협이 분명하고 방어 목적이며 최후의 수단이고 무력 사용을 최소화해야 하며 이를 위한 결과의 근거가 분명히 제시되어야 한다고 보고 있습니다. 참 신기한 일 아닙니까? 현대에 와서도 저의 생각이 빛

———— 묵자

을 발하다니 말이죠.

**묵자**  정말 그렇군요. 그렇지만 전쟁은 일어나지 않는 게 가장 좋습니다. 전쟁이 일어나는 순간 어느 한쪽이 승리하더라도 그에 따른 피해는 불 보듯 뻔하니까요.

**토마스 아퀴나스**  그렇습니다. 서로 사랑하고 평화롭게 지내야죠. 그것이 곧 하나님의 뜻입니다.

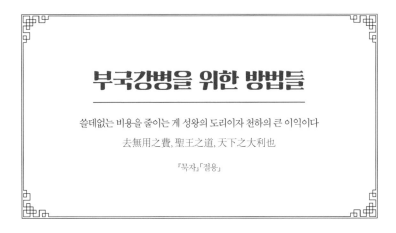

# 부국강병을 위한 방법들

쓸데없는 비용을 줄이는 게 성왕의 도리이자 천하의 큰 이익이다
去無用之費, 聖王之道, 天下之大利也

『묵자』「절용」

묵자는 나라를 부강시키는 몇 가지 방법을 제안했는데, 그중 하나가 '상동(上同)'이다. '윗사람의 뜻에 따른다'는 의미다. 윗사람에 대한 아랫사람의 절대적 복종을 의미하기도 한다. 명령에 따른 군대의 조직과 마찬가지다.

한국 역사를 보면 민란이 자주 발생했다. 그런데, 민란은 대개 실패로 이어진다. 왜 그럴까? 민란을 일으킨 사람들의 조직력 때문이다. 그들에겐 군대와 맞서 싸울 조직력이 없다. 전쟁 물자도 부족하겠지만 조직이 잘되어 있는 무리는 물자의 부족과 전력의

— 묵자

약함을 상당 부분 극복할 수 있다. 묵자가 제시했던 '상동'이란 가치 역시 조직력을 강화하기 위한 목적일 수 있다.

'상동'의 가치를 내세운 것처럼 묵자는 기강이 매우 강한 조직을 갖추고 있었다. 여러 집단으로 나눠져 있었고 집단을 이끄는 우두머리를 '거자'라고 불렀는데, 집단의 구성원은 거자의 명령을 목숨 바쳐 지켜야 했다.

『회남자』라는 책에는 묵자를 따르는 무리가 180명인데 우두머리의 명령이 떨어지면 불 속에 뛰어 들어가는 일이든 칼날을 밟고 서 있는 일이든 무엇이든 따랐다고 나온다. 거자는 오늘날의 '장교'에 해당하고 나머지 무리는 '병사'에 해당한다. 군대와 같은 강력한 조직 없이는 전쟁에서 결코 성공해내지 못했을 것이다.

묵자는 상동을 실현하기 위해 몇 가지 원칙을 세웠다. 우선, 선한 일이나 선하지 않은 일을 알게 되면 반드시 윗사람에게 보고해야 한다. 윗사람이 아무리 현명하더라도 모든 사람을 굽어살피는 건 어렵다. 그렇다면 윗사람을 돕기 위해 백성들 각자가 주변에서 일어나는 일들을 보고하는 게 바람직하다.

그렇지만 이것이 서로를 '고발'하는, 즉 서로를 '감시'하는 용도로 사용되면 오히려 백성을 통제하는 수단으로 작용할 수도 있다. 묵자의 이런 주장에는 모든 사람이 더 좋은 정치를 원하고 이를 위해 노력한다는 전제가 깔려 있어야 한다.

다음으로, 윗사람이 옳다고 하는 건 모두가 옳다고 해야 하고 윗사람이 그르다고 하는 건 모두가 그르다고 해야 한다고 봤다. 묵자는 많은 사람의 주장이 난립하는 걸 사회 혼란의 원인으로 지목했다. 사상을 하나로 통일하고 백성의 언행을 일치시켜야만 이 혼란에서 벗어날 수 있다고 봤다.

그런데, 윗사람이 옳다고 하면 무조건 따라야 하는가? '윗사람은 항상 옳은가' 하는 물음과 '백성은 그저 따르기만 하면 되는가' 하는 물음이 놓여 있다. 좋은 윗사람의 결정이므로 자연스레 따르는 것으로 이해해볼 수 있다.

마지막으로 윗사람에게 잘못이 있으면 고발하고 아랫사람이 잘했으면 장려한다는 원칙이다. 아랫사람이 윗사람의 잘못을 따져 묻는 건 정말 어려운 일이다. 더구나 윗사람으로 인재를 배치해야 한다는 묵자의 사상에 비춰봤을 때, 대개 윗사람보다 부족한 이가 아랫사람인 경우가 많을 것이다. 이런 경우엔 더더욱 윗사람의 잘잘못을 따지기 어렵다. 이런 문제를 고려해 묵자는 윗사람의 잘못이 있는 경우 바로 알릴 수 있어야 한다고 강조한다. 반면 아랫사람이 잘한 일은 윗사람의 능력으로 여겨 쉽게 감춰질 수 있다. 이런 문제로 아랫사람이 잘한 경우엔 반드시 칭찬하고 상을 줘 좋은 일을 장려해야 한다고 강조했다.

묵자의 상동은 현대 민주주의와는 상당히 반대되는 개념이다. 현대 민주주의의 핵심은 동일하고 일치하는 데 있기보다 다양하고 갈등하는 데에서 의의를 찾아볼 수 있기 때문이다. 갈등은 다양한 사람이 서로 자기의 이익을 지키기 위해 그리고 서로 자기의 생각을 관철시키기 위해 존재한다. 갈등 없는 사회란 침묵을 강요하고 통제가 일상화된 사회라고도 볼 수 있기 때문이다.

물론 고대와 현대의 상황은 매우 다르기에 감안해서 봐야 한다. 묵자가 주장한 상동을 민주적이지 않다는 이유로 비판하는 것에는 문제가 있다. 당시엔 '민주주의' 자체가 없었기 때문이다.

．

**볼테르** 묵자님의 생각은 지나치게 권위주의적이군요. 윗사람이 반드시 더 좋은 의견을 제시한다고는 볼 수 없지 않을까요? 아랫사람이 더 좋은 의견을 가질 때도 많은데 말입니다.

**묵자** 그럴 수는 있습니다. 그렇더라도 따라줄 수 있는 일 아닐까요. 책임의 주체는 결국 윗사람이니 그를 따르는 게 힘을 합치는 데에 더 나은 방법일 때가 있습니다. '책임은 내가 질 테니, 나를 따르라!' 같은 '형님 리더십'으로 이해해주시면 됩니다. 전쟁을 자주 치르다 보니 자연스레 군대와 같은 조직을 더욱 선호할 수밖에요. 그렇지 않으면 긴박한 상황에서 명령이 제대로 전달되지 않았을 테니 말입니다.

**볼테르** 그렇게 보니 어느 정도 이해가 가는군요. 생존의 문제가 달린 상황에서 상동의 원칙이 없다면 목숨을 보전하기 어렵겠죠. 하지만 평상시에는 상하복종의 방식이 좋지 않은 결과를 가져올 수 있습니다. 세상엔 다양한 사람이 있고 다양한 사람이 한데 어울려 살아가는 곳이 인간 사회입니다. 그렇지 않으면 어느 한쪽이 다른 한쪽을 혐오하거나 억압하는 품위 없는 사회 또는 존중 없는 사회가 될 가능성이 있으니까요.

**묵자**  평소에도 임금으로부터 신하의 뜻이 한결같다면 불화가 없지 않을까요? 혹시나 윗사람에게 문제가 있을 수 있으니 윗사람에게 잘못이 있으면 고발하도록 조치했고요. 물론 아랫사람이 잘했으면 장려해 본보기로 삼도록 했습니다. 이만하면 충분하지 않을까요?

**볼테르**  아마 그래서 묵자님의 생각이 통치 방식으로는 적합하지 않았고 또 묵가도 오래 살아남지 못했을 수도 있겠어요. 제가 살던 시대에는 가톨릭교와 개신교의 갈등이 매우 증폭되었죠. 가톨릭교를 믿은 사람들은 개신교를 믿은 사람들을 증오하고 박해했습니다. 사람이 죄가 없는데 종교가 다르다고 죄를 뒤집어씌우고 죽음에 이르게 만들었죠. 그래서 저는 '관용'이 필요하다고 봤습니다.

**묵자**  관용이요?

**볼테르**  그렇습니다. '서로의 차이를 인정해주는 일'이라고 볼 수 있습니다. 나와 당신이 비록 종교가 다르고 문화가 다르고 정치적 견해가 다를지라도, 한 인간으로서 존중해주고 이곳에서 나와 함께 살아갈 사람임을 받아들이는 일입니다. 그래서 저는 "내가 비록 당신의 말에 동의하지 않더라도, 당신이 그런

—— 묵자

말을 할 수 있는 권리를 위해 목숨을 걸고 싸우겠다"는 말을 남겼습니다.

**묵자** 그것은 평화로운 시절에나 가능한 일입니다. 화살이 빗발치는 전장에서는 관용보다 승리가 우선이니까요. 전 이런 말을 남기고 싶군요. "내가 비록 당신과 아무런 관련이 없는 사람이지만, 당신이 전쟁의 고통을 겪지 않도록 목숨을 걸고 싸우겠다"라고 말이죠.

## — 백성의 삶을 향상시키는 법

묵자는 올바른 정치를 위해 '상현(上賢)', 즉 '훌륭한 인재를 등용'할 것을 주장했다. 국가 간 경쟁이 치열했던 춘추전국시대에는 좋은 인재가 더욱 필요했다. 군주가 나라를 다스리는 군주제가 일반적이었던 고대에 올바른 정치를 실현하기 위해서는, 옆에서 왕을 보좌할 수 있는 훌륭한 인재가 많아야 한다.

정치에 도움이 되는 좋은 제안을 하는 것도 인재가 해야 할 일이지만 왕이 잘못했을 때 쓴소리도 마다하지 않아야 한다. 조선시대에 훌륭한 재상이 있었을 때 나라가 제대로 돌아간 걸 보면 묵자의 의도를 이해할 수 있을 것이다.

묵자가 생각하는 현인이란 후덕하고 말을 조리 있게 잘하며 학예에 능통한 사람이다. 인성이 바르고 언행이 신중하며 능력이 출중한 사람이다. 춥고 배고픈 백성을 돌아보지도 않는 사람이 나라의 관리가 될 수 없고, 논리적으로 자기 의견을 표출하지 못하는 사람이 나라의 관리가 될 수 없으며, 자신이 하는 일에 있어 지식을 제대로 갖추지 못한 사람이 나라의 관리가 될 수 없다는 의미다.

묵자는 나라를 다스릴 수 있는 사람에게 나라를 맡기고 장관이 될 수 있는 사람에게 장관 자리를 맡기며 고을을 다스릴 수 있는 사람에게 고을을 맡겨야 한다고 말했다.

한편, 경제적인 측면에서 묵자는 '절용', 즉 '절약'을 강조했다. 고대의 생산량은 오늘날과 비교해 수백 배 적었다. 경제의 기본이었던 농사를 예로 들면, 고대에는 그 흔한 비료도 살충제도 없었다.

오늘날에는 생산량을 늘리고 소비를 진작시켜 더 많은 부를 만들어내지만, 당시 부를 늘릴 수 있는 가장 좋은 방법은 '아끼는 것'이었다. 사치와 낭비가 일상적이었던 지배층은 백성을 착취해 생활을 영위했다.

이런 점에서 '절용'은 백성의 절약을 유도한 게 아니라 지도층에 대한 비판으로 봐야 한다. 묵자는 성인이 나라를 다스리면 나라의 부를 두 배, 세 배 늘릴 수 있다고 봤다. 성인은 쓸데없는 비용을 줄이기 때문이다.

묵자는 공자와 유가의 사상을 공부하다가 예를 중시하는 유가의 사상이 너무 번잡스럽다고 여겨 이를 버리고 자기의 길을 갔다고 전해진다. 장례를 후하게 치르거나 오랫동안 상복을 입는 것 등 주나라의 예법을 따르고 재현하려 했던 공자의 생각은 나라의 살림에 부담을 주는 것이었고 백성 구제에 들어가야 할 예산 또한 줄어들 수밖에 없었다.

조선 시대 지배층을 떠올려 보면 묵자의 근심이 어떤지 알 수 있다. 형식과 체면 같은 겉치레를 너무 지나치게 강조하다 보니, 실질적이고 실용적인 부분들을 상대적으로 가벼이 여기는 부작용을 낳았기 때문이다.

특히 묵자는 음악을 반대했다. 음악 자체가 문제라기보다 음악에 들어가는 악기와 복장, 음악을 들으며 음탕하게 노는 지배층이 문제였다. 묵자는 제나라 강공을 예로 들어 말하길, 강공은 음악과 춤을 지나치게 좋아해 사치와 낭비를 일삼고 생산에 힘쓰지 않아 나라를 점점 쇠약하게 만들고 끝내 나라가 망하도록 만들었다고 봤다.

공자가 말하는 음악의 이로움과는 정반대다. 공자는 시로 감흥을 일으키고 예로 행동규준을 세우며 음악으로 심정을 완성시킨다고 봤다. 음악이 사람의 착한 마음을 불러일으키고 사람들을 조화시키는 데 매우 유용하다고 본 것이다.

전쟁에 직접 나선 사람답게 묵자는 사람에 대한 사랑만으로 현실을 개선하려 하지 않았다. 정치와 경제를 개혁해 사회 구조를 변혁하려 했다. 그의 의지는 '아껴야 잘산다'는 원칙을 실현하는 데로 나아갔다. 실용적인 방법을 활용하고 실질적인 부분을 살려야 백성의 삶도 나아질 수 있다고 믿었다. 백성의 살림살이가 나아지지 않는다면 더 나은 세상이 오지 않을 거라고 봤다. 순자는 묵자의 사상을 가리켜 '실용을 가장 으뜸으로 한다'고 말했고, 현대 중국의 대철학자였던 펑유란은 '공리주의'라고 칭했다.

묵자의 실용적이고 공리주의적인 성격은 '삼표'라는 개념으로 잘 드러난다. 그는 "삼표란 뿌리이자, 바탕이며, 쓰임이다. 무엇에 뿌리를 두는가. 위로는 옛날 성왕들이 했던 일에 뿌리를 둔다. 무엇에 바탕을 두는가. 아래로 백성이 눈으로 보고 들은 실제적인 일들을 살펴야 한다. 무엇에 쓰임을 두는가. 형벌과 정치제도를 시행함에 있어 그것이 곧 백성에게 이익이 되어야 한다."고 말했다. 삼표란 표준 또는 근거가 되는 세 가지를 말하는데, 백성의 삶을 실제적으로 향상시키는 데 목적이 있었다.

**존 스튜어트 밀** 백성의 실제 삶을 향상시키려 했다니, 묵자님의 생각은 공허한 외침으로 그치지 않은 것 같습니다.

**묵자** 그렇습니다. 저는 언제나 백성의 이익이 중요하다고 봤습니다. 제가 차별 없는 사랑을 주장한 것도 그것이 결국 모두에게 더 큰 이익으로 다가오기 때문이죠. 두루 사랑하니 이익도 두루 미친다. 멋지지 않습니까?

**존 스튜어트 밀**  그런 점에서 묵자님의 생각을 공리주의에 빗대어 보는군요. 공리주의란 말 그대로 '최대 다수의 최대 행복' 실현을 윤리적 행위의 목적으로 보는 생각입니다. 어떤 행위의 옳고 그름을 인간의 행복을 얼마나 늘렸는지에 따라 판단하는 것이죠. 다시 말해, 얼마나 유용하냐의 문제입니다.

**묵자**  오! 저의 생각과 정말 비슷하군요. 저는 철저히 백성의 이익을 중요시했습니다. 장례와 음악 같은 것들은 고대에 매우 사치스러운 일이었습니다. 그것 때문에 나라가 가난해지고 백성의 삶이 팍팍해진다면 하지 않는 게 낫겠죠. 아끼는 게 최선입니다.

**존 스튜어트 밀**  그렇습니다. 인간의 물질에 대한 욕심은 끝이 없습니다. 지배욕 역시 마찬가지고요. 한 사람이 욕망을 추구하면 추구할수록 타인에게 피해가 갈 수밖에 없습니다. 저는 인간의 품위와 교양도 중요시했습니다. 단지 먹고 살 만하다고 해서 모든 게 완벽할 순 없겠죠. 양적으로도 질적으로도 풍요로울 수 있어야 인간다운 삶이라고 봅니다. 그래서 저는 '만족한 돼지보다 불만족한 사람이 낫고 만족한 바보보다 불만족한 소크라테스가 낫다'고 봤습니다.

**묵자**  정말 새겨들을 만한 이야기입니다. 제가 똑똑한 사람을 등용해야 한다고 주장했던 까닭도 거기에 있습니다. 생각하는 게 다르거든요. 물론 좋은 생각을 하는 것뿐만 아니라 도덕적으로도 성숙해야 합니다. 그래야 더 좋은 사회를 이끌 수 있겠죠.

**존 스튜어트 밀** 그런데 묵자님과 제가 다른 점이 있습니다. 저는 개인의 자율성을 중요시했습니다. 국가의 간섭이 개인의 자율성을 침해한다고 보는 점에서 아랫사람과 윗사람의 생각이 일치해야 한다는 묵자님의 주장과 부딪히는군요.

**묵자** 그거야 시대에 따라 달리 볼 수 있는 문제이니 개의치 않겠습니다. 중요한 건 우리 모두 개개인의 행복이 증진되길 바랐다는 점이겠죠.

———— 묵자

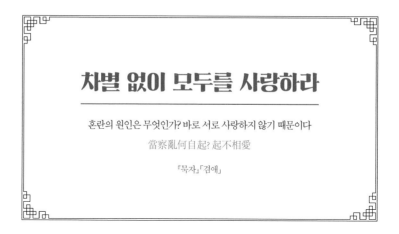

# 차별 없이 모두를 사랑하라

혼란의 원인은 무엇인가? 바로 서로 사랑하지 않기 때문이다

當察亂何自起? 起不相愛

『묵자』「겸애」

"네 이웃을 네 몸과 같이 사랑하라." 예수의 말이다. 나의 이웃을 사랑한다는 건 두 가지 전제가 필요하다. 나 자신 또는 내 가족이 아닌 남을 사랑해야 한다. 그것도 내가 날 사랑하듯 사랑해야 한다. 물론 심리학적으로 자기혐오가 있을 수 있으나 내가 날 아낀다면 남도 그만큼 아끼라는 의미다.

그런데 '내 이웃'의 범위가 어디까지인지를 묻지 않을 수 없다. 내 이웃이라 하면 바로 옆집에 사는 사람을 가리킬까, 이웃의 이웃의 이웃의 이웃까지 모든 이웃에 해당하는 걸까. 당연히 후자다.

묵자도 예수와 비슷한 말을 했다. 그는 "누군가를 사랑한다면 상대 역시 그 사람을 따라 그를 사랑할 것이고, 누군가를 이롭게 한다면 상대 역시 그 사람을 따라 그를 이롭게 할 것이다. 누군가를 미워한다면 상대 역시 그 사람을 따라 그를 미워할 것이고, 누군가를 해친다면 상대 역시 그 사람을 따라 그를 해칠 것이다"고 봤다.

단순한 논리일 수도 있으나 묵자는 내가 먼저 사랑하고 이익을 준다면 상대도 따라 행동할 거라고 믿었다.

묵자는 '겸애'를 실천하고자 애썼다. 겸애는 차별 없는 사랑을 전제한다. 인간의 사랑은 늘 '차별'을 전제로 한다. 인간이 사랑할 때 선후가 존재하기 마련이다. 그 누구보다 다른 누구를 '더' 사랑하고 또 '덜' 사랑하기 때문이다. 이것이 일반적인 사랑이다.

묵자는 이런 점에서 유가를 비판한다. 유가는 기본적으로 가족 또는 가장 가까운 부모와 형제에 대한 마음으로부터 인의가 비롯된다고 봤다. 묵자의 입장에서 유가의 생각은 '차별 있는 사랑', 곧 '별애'에 해당했다.

죽지 않기 위해 자식을 버리고 도망치는 사람들, 먹을 게 없어 자식을 파는 사람들, 형제 간에 서로를 죽이려는 사람들, 아끼는 신하라도 어느 순간 가차 없이 버리는 왕과 왕을 이용하고자 온갖 술책을 부리는 간신에 이르기까지, 인간은 짐승보다 더 심한 악행을 저지르기도 한다.

──묵자

그럼에도 사랑해야 할 이유는 어디에 있을까. 사랑해야 할 명분이 있긴 할까.

묵자가 이런 상황들을 수없이 목격했음에도 차별 없이 인간을 사랑하려 했던 까닭은, 사랑이 모두에게 더 나은 선택이라는 데에 있었다.

친구나 가족이 강대국의 왕이거나 귀족이고 그들이 전쟁을 통해 다른 나라를 침략하려 한다면 어떤 선택을 할까? 일반 사람이라면 한 번쯤 고민에 빠졌을 것이다. 얻을 수 있는 권력과 부의 유혹에 흔들리기 때문이다.

그렇지만 묵자는 단호하게 그들이 침략할 나라에 가서 백성을 도왔을 것이다. 묵자는 당장 어려움에 처한 사람을 구하는 게 급선무라고 봤다. 묵자가 '두루 사랑하라'며 겸애를 내세웠던 건 더 약한 이들에게도 이익이 돌아갈 수 있어야 한다는 강한 믿음 때문이었다.

그래서 겸애를 실천하기 위해서는 자기희생과 절제가 매우 강하게 요구된다. 묵자가 생각하는 정의를 실현하기 위해서는 친구나 가족보다도 당장 어려움에 처했거나 부당한 상황에 처한 사람들을 구제하는 게 먼저다.

이런 이유로 겸애는 묵자의 사상 중 가장 큰 호응을 받으면서도 가장 큰 비판을 받는다. 아무나 할 수 없는 일이고 대체로 그렇게 하지 않을 것이기 때문이다.

사랑에 있어 신분과 계급에 따라, 부자와 빈자에 따라, 친함과 덜 친함에 따라 차이를 둬서는 안 되는 것도 어렵지만 매 순간 매 상황마다 최선을 다해 사랑하는 것 역시 어렵다.

**예수** 사랑은 언제나 오래 참고, 사랑은 언제나 온유하며, 사랑은 언제나 시기하지 아니하며….

**묵자** 마치 저의 주제가처럼 들리는군요.

**예수** 겸애를 실천하려 하셨다니 매우 감명 깊었습니다. 저는 '사랑' 하나로 모든 이를 구원할 수 있고 모든 이에게 평화가 깃들 수 있다고 믿었습니다. 그런 점에서 묵자님의 생각과 맞닿아 있다고 봅니다.

**묵자** 그렇습니다. 인간이 인간을 사랑하지 않으면 서로 간에 이해도 배려도 없을 테니까요. 다만 저는 '사랑' 하나로 모든 것이 가능하리라 보진 않았습니다. 제 사랑의 방식은 전쟁으로부터 사람들을 지켜내는 것이었기 때문이죠. 그래서 저는 전쟁을 치르기도 했습니다. 물론 방어 전쟁이었지만요. 그런 점에서 예수님이 십자가에 매달리면서도 세상 사람을 사랑한 것과는 차이가 있는 것 같군요.

**예수** 전 모든 인류를 대신해 십자가에 매달렸습니다. 오직 사랑만이 인간을 구원하고 모든 이의 마음에 평화를 선사할 수 있습니다. 전쟁은 인간에게 증오심을 키울 뿐입니다. 그래

114

서 저는 원수를 사랑하라고 말했죠. 누군가 한쪽 뺨을 때리면 다른 쪽 뺨도 내밀라고 했죠. 그런 것입니다. 진정한 사랑이란. 나를 희생해서라도 타인의 마음에 사랑을 키워내는 것이죠.

**톨스토이** 묵자님은 사람을 차별 없이 사랑하라고 말했지만 모든 사람을 조건 없이 사랑하라는 의미는 아닌 것 같군요. 사람은 무엇으로 살까요? 저 역시 사람은 사랑으로 살아야 한다고 봤습니다. 사람의 마음속에는 사랑이 있고, 사람에겐 자신에게 무엇이 필요한지 아는 힘이 있습니다. 그래서 사람은 결국 돈도 명예도 아닌 사랑이 필요하다는 걸 알게 되는 것이죠.

**묵자** 그렇지만 종교만큼 정치도 중요합니다. 종교적으로 누군가를 구원하는 문제와 정치적으로 누군가를 구제하는 문제는 다르다고 봐요. 예수님이 사랑하라고 그렇게 호소했어도 이후로 인간은 끝없이 전쟁을 치르고 서로를 해치고 미워했습니다. 그래서 종교가 아닌 정치가 필요하다는 것입니다. 전쟁으로부터, 지배자들로부터 고통받는 이들을 누군가는 구제해줘야 하니까요!

**톨스토이** 그것이 바로 사랑의 마음입니다.

**예수** 그럼요. 그 마음만으로도 인류를 구원하신 것과 같습니다.

## ― 모두가 잘사는 세상

겸애에 대한 묵자의 특별한 생각 중 하나는 겸애의 실천이 사람뿐만 아니라 모든 존재를 이롭게 한다는 데 있다. 그는 "만일 겸애를 실천한다면 위로는 하늘을, 가운데에는 귀신을, 아래로는 사람을 이롭게 할 것이다. 하늘과 귀신과 사람이 이롭다면 모든 것이 이롭다. 이를 일컬어 '하늘의 덕'이라고 부른다. 또한 하늘의 뜻에 따르는 자는 두루 사랑하고 서로 이롭게 하니 반드시 상을 받을 것이다. 하늘의 뜻을 배반하는 자는 따로 미워하고 서로 천하게 만드니 반드시 벌을 받을 것이다."라고 봤다.

하늘과 귀신을 현재의 시점에서 바라본다면 허황된 얘기일 수 있다. 하지만 2,500여 년 전 시대에는 그렇지 않았다. 그리스에서는 신화를 믿었다. 몇백 년 전까지만 해도 하느님과 귀신은 영화에나 나오는 캐릭터가 아니라 살아 있는 존재였고 믿음의 대상이었다. '천벌 받을 것'이라는 얘기가 '두려움'을 갖게 만드는 시대였다. 물론 '천벌 받을 것'이라고 말한다고 곧이곧대로 듣지 않는 사람도 있었겠지만 하늘과 귀신의 존재는 당시 매우 중요한 의미였다.

무엇보다 하늘과 귀신은 인간이 선을 행하게 만드는 도덕의 근원이기도 했다. 도덕의 근원이 중요했던 이유는 통치자 때문이다. 통치자보다 더 높고(위치로만 높은 게 아니라 신분이나 계급에서도), 우주만물의 창시자이며(당연히 통치자보다 더 위다), 전지전능하다

116                                                                          ――묵자

면(통치자보다 수만 배 더 많은 걸 해낼 수 있다) 백성은 당연히 따를 것이다. 통치자 역시 백성이 따르는 것을 무시할 수 없다. 하늘에 제사를 지내는 것 역시 백성의 믿음을 저버릴 수 없었기 때문이다.

조금 과한 해석일 수 있으나, 하늘과 귀신의 존재는 현대 국가의 헌법과 같은 역할을 했다고 볼 수 있다. 대한민국 헌법 제1조 1항은 "대한민국은 민주 공화국이다"이고 2항엔 "대한민국의 주권은 국민에게 있고, 모든 권력은 국민으로부터 나온다"고 명시되어 있다.

이를 묵자의 시대에 적용시켜 보면 "모든 존재는 하늘의 명령에 따른다. 그러므로 모든 주권은 하늘에 있고, 모든 권력은 하늘로부터 나온다."라고 기술할 수 있다. 억울한 일을 당하고 부당한 일을 당했을 때 하늘과 귀신의 존재는 실제로 존재하는지의 여부를 떠나 백성에게 큰 위안을 줬을 것이다.

묵가는 한때 유가에 대적할 만할 정도의 세력으로 커나갔지만 200여 년 뒤엔 흔적조차 없이 사라졌다. 묵자의 죽음 이후 그의 철학을 굳건히 이어가지 못했던 데서 원인을 찾을 수 있다. 백성의 편에 서서 무차별적으로 사랑한다는 겸애를 실천하는 것도 어려운 일이었을 테고, 강대국에 맞서 방어 전쟁을 펼치는 것도 한계가 있었을 것이다. 하나는 자기희생이 따르는 일이었고, 다른 하나는 자기 목숨을 내놔야 하는 일이었기 때문이다. 묵자의 이념을 실천하려 했던 강철같은 조직이 오히려 발목을 잡았을 수도 있다.

한동안 기억에서 잊혔던 묵자는 현대 중국에서 재조명 받기 시작했다. 목수로 노동을 했다는 점과 '겸애'에서 볼 수 있는 평등사상이 중국식 사회주의와 잘 어울렸기 때문이다. 특히 묵자가 동물과 인간의 경계를 '노동'으로 삼았다는 점도 주요했다.

묵자는 인간이 힘을 써서 농사를 짓고 베를 짜는 것을 통해 살아가는 반면 짐승은 주어진 대로만 살아간다고 구분 지었다. 사회주의를 잉태시킨 마르크스가 '인간의 노동'을 인간에게 있어 가장 본질적인 것으로 여겼다는 점에서 묵자의 사상은 중국 공산당에게 상당히 매력적으로 다가왔을 것이다.

**칼 마르크스** 귀신을 섬긴다는 게 이해가 가지 않지만 백성의 안위와 연관된다니 신기한 일이군요.

**묵자** 난 하늘이 인간에게 벌을 내리고 귀신이 인간의 일을 감시한다고 믿습니다. 한국의 전래 동화에 단골손님으로 등장하는 도깨비나 서양의 할로윈 데이에 등장하는 온갖 귀신은 다 뭐란 말이죠? 난 그들이 진짜 존재한다고 봅니다. 21세기에도 종교는 여전히 존재합니다. 종교를 믿는 사람들이 모두 이상한 사람들일까요?

**칼 마르크스** 네네, 고대에는 귀신이 실재하는 존재였으니 충분히 이해 가능합니다. 저는 유물론적 관점에 따라 세계와 역사를 파악했습니다. 인간의 삶과 사회 활동을 구성하고 움직이게 만드는 동력은 정신과 같은 관념적인 구성물이 아니라 물질을 활용하는 생산활동에 근거했다고 봤죠.

**묵자** 생산활동이라, 인간의 노동이라면 누구도 저와 저의 제자들을 따라올 수 없습니다. 묵가의 사람들은 기술자이자 과학자였습니다. 오늘날처럼 연구실이나 사무실에 앉아 이론을 공부하는 사람들이 아니라 직접 무기를 만들고 전장에 나가 싸우는 사람들이었죠. 이것이야말로 생산 중의 생산 아니겠습니까? 물론 귀신을 관념으로 본다면 할 말은 없습니다만, 귀신은 통치자들을 규제하고 인간의 삶 전반에 관여하는 존재라고 믿습니다.

**칼 마르크스** 제가 말한 유물론은 인간의 문명 발전 또는 역사 발전에 있어 인간의 정신적 조건보다 물질적 조건이 더 중요하다고 여기는 사상입니다. 그만큼 사회의 경제적 구조가 인간에게 미치는 영향이 크다고 믿었죠. 특히 저는 사적 소유와 인간의 불평등에 주목했습니다. 아주 간단히 말하자면, 자본가인 부르주아가 노동자인 프롤레타리아를 착취한다고 봤습니다. 자본주의 시스템 자체가 잉여 이익을 위한 구조이다 보니, 필연적으로 누군가는 더 많은 이익을 가져가고 누군가는 더 많은 불이익을 가져갈 수밖에 없죠.

**묵자** 아주 재밌는 이론이군요. 결국 그것 역시 다수의 백성을 위한 일 아닙니까? 마르크스님이 말하는 노동자 계급, 그러니까 프롤레타리아에 해당하는 사람들이 고대의 '백성'에 해당하고, 자본가는 그들의 노동으로부터 이익을 취하는 '군주'에 해당한다고 볼 수 있겠군요.

**칼 마르크스**  그렇습니다. 그래서 저는 혁명을 통해 자본주의가 무너지고 프롤레타리아가 세상을 장악하는 공산주의 세상이 올 거라고 믿었습니다. 인간 노동의 신성함과 인간의 평등함이 실현되는 세상, 얼마나 아름답습니까. 물론 오늘날 공산주의 국가는 제가 생각했던 것과 전혀 다른 길을 걷고 있다는 점이 안타깝습니다.

**묵자**  멋지군요. 그런 점에서 군주의 폭정을 막고 백성에게 평안한 삶을 선사하려 했던 저의 목적과 비슷합니다. 모든 사람을 사랑하고 모든 이에게 이익이 고루 분배된다면 모두가 잘살 텐데 말이죠. 인간이 자기만을 위한 욕망을 추구하는 한 이런 세상은 그저 이상에 불과할지 모르겠어요.


묵자가 남긴 '겸애'와 '비공', '상동'과 '상현', '절용'과 같은 정신들은 오늘날에도 여전히 유용하고 의미 있다. '사람 위에 사람 없고 사람 아래 사람 없다'는 말처럼 한 사람 한 사람을 따뜻한 시선으로 바라보는 묵자의 태도에서 배울 점이 많다.

묵자가 오늘날 태어났다면 어떤 일을 했을까. 흙수저가 잘살

——묵자

수 있는 세상을 만들고자 노력했을 것이고, 차별받는 사람들을 위한 사회 운동을 펼쳤을 것이다. 무엇보다 한심한 정치인들의 엉덩이를 걷어차는 대찬 지식인이 되지 않았을까. 어려움에 처한 사람이라면 차별 없이 구제하려 했던 그의 노력에 찬사를 표한다.

4장

# 사람답기 위해
# 마땅히 가야 할 길

_맹자

기원전 372년에 태어난 맹자는 전국시대에 활동했던 사람으로 공자 사후 100여 년 뒤에 태어났다. 공자의 사상을 이어받아 유학을 체계화시킨 인물로 평가받는데, 인간의 본성이 선하다고 보고 '사단지심'으로 개념화했다. 언변이 뛰어나 제후와 사상가 들을 꼼짝 못하게 만들었는데, 특히 양혜왕과의 논쟁이 유명하다. 이 때문인지 그의 책『맹자』는『논어』와 달리 상당히 논리적인 서술로 이뤄져 있다.

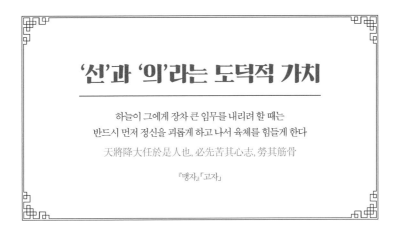

# '선'과 '의'라는 도덕적 가치

하늘이 그에게 장차 큰 임무를 내리려 할 때는
반드시 먼저 정신을 괴롭게 하고 나서 육체를 힘들게 한다

天將降大任於是人也, 必先苦其心志, 勞其筋骨

『맹자』「고자」

『맹자』에서 가장 유명한 이야기는 맹자와 양나라 혜왕의 대화를
엮은 「양혜왕」이다.

어느 날 맹자가 양나라 혜왕을 알현할 기회를 가졌다. 맹자가
자신을 찾아온 게 탐탁지 않았던 혜왕이 맹자에게 물었다. "선생
께서 늙으신 몸을 이끌고 천 리 길도 마다하지 않고 우리나라를
찾아주셨는데, 대체 우리나라에 어떤 이로움이 있을까요?" 혜왕
은 맹자가 어떤 이야기를 할지 알고 있었다. 이미 중국 천하에 유
명세를 떨치고 있는 맹자가 와서 할 말이 '의리'밖에 더 있겠는가.

그래서 혜왕은 맹자의 기를 죽이고자 선방을 날린 것이다.

맹자는 시치미를 뚝 떼고 왕에게 대답했다. "왕께서는 하필 이로움을 말씀하십니까? 오직 인과 의가 있을 뿐입니다. 왕께서 어떻게 하면 내 나라에 이로울지를 따지면 벼슬아치들 역시 임금을 따라 어떻게 하면 내 집안에 이로울지를 따지게 될 테고, 선비나 백성 역시 어떻게 하면 내게 이로울지를 따지게 될 것입니다. 그렇게 모든 사람이 각자에게 이로운 게 뭔지 따지다 보면 나라는 위태로워질 것입니다." 맹자가 왕에게 반격을 가했다. 왕이 이로움을 구하는데 나라가 제대로 돌아갈 리 있느냐며 되물은 것이다.

맹자의 재치가 돋보이는 대목이다. 혜왕은 맹자에게 당신의 생각을 따랐을 때 자국에 '어떤' 이익이 될지 물었다. 그런데 맹자는 혜왕의 '이익'이라는 말을 받아 의로움도 있는데 왜 하필 이로움을 내세우는지를 따져 물었다. 인간에겐 의리라는 도덕이 있는데 왕께서는 그것에는 관심이 없고 오직 여느 장사치마냥 이득만을 내세우니, 그 생각 자체가 잘못이라고 지적하는 상황이다. 혜왕을 비꼬는 교묘한 언변술이다.

맹자는 이어서 말했다. "만일 의를 가볍게 여기고 이를 중시한다면 남의 것을 빼앗지 않고서는 만족할 수 없을 것입니다. 어진 자는 자기의 부모를 저버리지 않고 의로운 자는 임금을 무시하지 않습니다. 왕께서는 오직 인과 의를 말씀하실 일이지 어찌 이를 말씀하십니까?" 맹자는 이로움만을 챙기면 결국 남의 것을 빼앗

—— 맹자

아야 한다며 왕을 꾸짖었다. 나라를 걱정한다면서 백성의 살림살이는 돌보지 않는 혜왕의 모순을 꼬집은 것이다.

사실 혜왕에겐 고민이 하나 있었다. 백성이 자꾸 줄어드는 것이었다. 나라의 인구가 줄어들면 농사지을 사람도 줄어들 테니 생산력이 줄어들 테고, 덩달아 전쟁에 나설 군인이 모자랄 테니 군사력도 약해질 수밖에 없었다.

당장엔 문제가 되지 않더라도 장기적으로는 큰 문제였다. 현대 사회로 따지면 생산 가능 인구의 축소와 부양 인구의 증가로 표현할 수 있다. 혜왕의 입장도 충분히 이해가 간다. 국가경쟁력이 저하되는 상황에서 맹자가 제시한 의리로는 문제를 해결할 수 없어 보였다.

그런데 맹자가 보기에 혜왕의 고민은 고민도 아니었다. 왕이 욕심을 조금만 내려놓으면 될 일이었다. 더구나 혜왕이 말한 '이로움'은 '왕'의 이로움이었지 '백성'의 이로움은 아니었다.

아마 맹자도 혜왕의 이야기를 익히 들었을 것이다. 맹자가 아니더라도 전국시대를 살았던 사람이라면 누구나 알고 있는 사실이었다. 그렇지만 그 누가 왕에게 '당신 잘못이오!'라고 말할 수 있겠는가. 그 어려운 일을 맹자가 해냈다. 맹자는 충분히 가졌음에도 더 많은 '이익'을 탐하는 혜왕에게 뜻을 펼치고자 먼 길을 온 것이다.

**공자** 정치가 올바르게 이뤄지기 위해서는 군주부터 달라져야 한다고 생각합니다. 혜왕도 마찬가지겠지요. 내가 늘 군자 이야기를 했던 이유도 한 나라를 이끄는 군주가 군자가 되어야 태평성대가 지속된다고 봤기 때문입니다.

**맹자** 요순 임금이 바로 그런 군자에 해당하는 군주가 아니겠습니까. 저는 의를 행하며 살아가는 게 인간으로서 할 수 있는 가장 중요한 일이고, 정치 역시 의에 바탕을 둬 이뤄져야 한다고 봤습니다.

**공자** 난 늘 그들 두 분을 따르는 정치가 가장 올바르다고 생각했습니다. 온 세상에 덕을 베푸니 모든 백성이 저절로 따르는 그런 군주가 좋은 군주입니다. 더 많은 땅을 차지하고자 전쟁을 벌이는 왕이라면 결코 백성을 사랑할 리 없습니다.

**맹자** 옳은 말씀입니다. 제가 혜왕을 찾아간 이유 역시 다르지 않습니다. 왕이 몸소 의로움을 행하면 백성도 따라 의로움을 행할 텐데, 뭐가 문제일까요. 모든 사람이 의로움을 행하면 굶어 죽는 이가 어디 있고 남을 헐뜯는 이가 어디 있겠습니까. 도덕에 바탕을 둬 인정을 베푸는 것이야말로 가장 이상적인 정치라고 봅니다.

**공자** 맹자님이 말하는 의리 하니 딱 떠오르는 말이 있소이다. 바로 배신하지 않는 것이지요. 자신의 이익을 친구의 이익보다 중요시하지 않고 인간관계를 이익으로 환산해서 보지 않는 그

128 ⟶ 맹자

런 사람 아니겠소? 아버지는 아들의 잘못을, 아들은 아버지의 잘못을 감싸주는 것이지요. 맹자님의 성선론 역시 이런 맥락에서 제시된 것이 아닙니까.

**맹자** 맞습니다. 타인을 배신하지 않고 언제나 믿어주는 것이 바로 의리입니다. 자신의 욕심을 앞세워 타인을 몰락시키거나 타인에게 상처 주지 않는 일을 하는 것이기도 하고요. 모든 사람이 군자가 될 수 있는 당위성을 인간의 내면에서 찾은 것이지요.

**공자** 맹자님을 한마디로 표현하면 '의리의 남자'라고 할 수 있겠군요. '의리 있다'라는 말에는 이익보다 진심을, 자기의 안위보다 타인을 위한 희생을 내세운다는 뉘앙스가 담겨 있으니 의리 있는 사람은 인을 행하는 사람이라고 볼 수 있겠어요. 그러고 보면 맹자님도 많은 사람으로부터 비판을 받았겠구려. 전쟁이 수없이 벌어지는 시대에 의리를 지키며 살라는 건 너무 이상적이니까요.

**맹자** 인간이라면 의리를 지켜야 한다고 말하면 대개 귀 기울이기는커녕 코웃음을 쳤지요.

**공자** 당신을 보니 젊은 시절의 내가 생각나는구려. 난 오랜 시간 천하를 주유하며 내 뜻을 펼치기 위해 노력했지만 그 어떤 군주도 내 생각을 받아주지 않았소.

**맹자** 그렇지만 공자님을 따르는 수많은 제자가 있지 않았습니까.

그들이 있었기에 오늘의 제가 있고, 공자님이 있었기에 저도 용기를 내 제 뜻을 당당히 말할 수 있었습니다.

## ─ 차마 어찌할 수 없는 마음

맹자는 목숨을 내걸고 혜왕에게 생각을 전했다. 중국이라는 커다란 나라에서 천 리 길도 마다하지 않고 온갖 위험을 무릅쓰며 노구의 몸을 이끌고 왔다면, 분명 '절실하게' 하고 싶은 이야기가 있었을 것이다.

맹자는 '선'과 '의'라는 두 가지 도덕적 가치를 현실 정치에 적용하려 했다. 인과 의를 따른다는 건 도덕을 실천하는 일이고, '도덕에 따른 정치'가 곧 맹자가 생각하는 올바른 정치였다.

춘추전국시대 사상가들의 인간 본성을 향한 관심은 전적으로 '인간의 본성이 선하냐 악하냐' 하는 데 있지 않았다. 오늘날의 철학이나 심리학보다 정치학에 가까웠다. 인간 공동체의 문제를 해결하고자 더 나은 방향을 찾는 데 있어 인간의 본성이 문제가 되는 것이지, 철학이나 심리학에서 봤을 때 인간의 본성이 선한지 악한지에 대한 탐구는 아니었다. 인간이 선하면 선함을 키워 선한 사람으로 만들고, 인간이 악하면 악함을 막아 선한 사람으로 기르는 데 있었다.

일상에서 부딪힐 수 있는 도덕적 딜레마 하나를 생각해보자.

위험에 빠진 사람을 구제해야 할 의무가 있을까? 그런 상황에 닥치면 고민하지 않을 수 없을 것이다. 신문 기사에서나 보는 의인처럼 행동하는 사람도 있겠지만, 괜히 남의 일에 끼어들었다가 본인이 더 위험한 상황에 빠질 수도 있다. 더욱이 '위험에 빠진 상황'은 가지각색일 수 있다. 불이 나서 구조를 원하는 사람이 있을 수 있고, 도둑에게 돈을 빼앗긴 경우도 있을 수 있으며, 데이트 폭력이나 가족 간의 불화로 다툼을 목격할 수도 있다.

그래서 상황은 그리 간단치가 않다. 이 딜레마를 두고 '착한 사마리아인의 법'이라고 부른다. '구조 불이행'이라고 부르기도 하는데, 인간의 도덕적 의무에 대한 상징적 이야기로 통한다. 『신약성서』 「누가복음」 10장에 등장하는 착한 사마리아인의 비유에서 유래했다. 한 유대인이 강도를 당해 쓰러져 있었는데, 같은 유대인인 제사장과 레위인인은 그냥 지나쳤으나 유대인과 적대적 관계에 있던 사마리아인이 구했다는 내용이다.

프랑스를 비롯해 독일, 핀란드, 폴란드, 스위스, 러시아, 중국 등 많은 나라가 법제화하고 있다. 한국에서는 아직 법제화되지 않은 이 법을 두고 여전히 많은 논란이 있다. 개인의 판단에 맡겨야 하는 상황들을 법으로 구제하는 것에 대한 반감과 함께 법으로 처벌한다고 했을 때의 효과를 회의하는 입장이 있다. 반면 현대 사회에서 점차 강해지는 개인주의와 그에 따른 방관자 효과를 막고자 '착한 사마리아인의 법'을 법제화해야 한다는 의견도 만만

치 않다.

맹자는 어떻게 대답했을까. 주저할 것 없이 위기에 처한 사람을 당장 구해야 한다고 말했을 것이다. 그는 갓난아이가 우물에 빠지려 하는 걸 목격한 사람들이 모든 일을 제쳐두고 깜짝 놀라 달려가는 까닭은, 갓난아이의 부모와 친해서도 아니고 마을 사람들에게 칭찬을 듣거나 비난을 듣지 않기 위해서도 아니라고 말한다. 오직 측은한 마음이 있기 때문에 위험한 상황에 처한 갓난아이를 구하려고 달려간다고 봤다. 이를 통해 맹자는 인간에게 착한 마음이 있다는 걸 확인할 수 있다고 주장했다.

나아가 맹자는 "사람은 누구나 '타인에게 차마 어찌할 수 없는 마음(불인인지심)'을 가지고 있다. 선왕(고대의 훌륭한 왕)들은 이런 마음을 가지고 있었기에 타인의 불행한 처지를 외면하지 못하는 정치를 했다. 이처럼 타인에게 차마 어찌할 수 없는 마음으로 정치를 펼친다면 천하를 다스리는 일도 손바닥 위의 물건을 뒤집듯 쉬울 것이다."라고 말했다. 차마 어찌할 수 없는 마음이 곧 선한 행동을 하는 '선한 동기'다.

맹자는 '측은지심'을 포함한 '차마 어찌할 수 없는 마음' 네 가지(사단지심)가 인간의 선한 동기이자 인간이라면 누구나 타고나는 특성이라고 봤다. '사단지심'이란 '네 가지 선한 마음의 단서(또는 새싹)'를 뜻한다. 타인을 측은히 여길 줄 아는 마음인 측은지심(惻隱之心), 부끄러워할 줄 아는 마음인 수오지심(羞惡之心), 양보할 줄

── 맹자

아는 마음인 사양지심(辭讓之心), 옳고 그름을 가릴 줄 아는 마음인 시비지심(是非之心)이 그것이다. 맹자는 사단지심을 동물과 비견되는 인간의 고유한 특징으로 봤다.

맹자에게 사람답게 가야 할 길을 가는 건 선한 마음으로 선한 행동을 하는 것이다. 곧, 맹자의 '성선설'이다. 민주주의에서 국민 개개인에게 주권이 있다는 선언처럼, 모든 인간에겐 선을 행할 수 있는 사단지심이 있으므로 선을 실천해 나가야 한다는 주장이다. 맹자는 분명 세상엔 선한 사람뿐만 아니라 나쁜 사람도 있다는 사실을 알고 있었을 테지만, 고대의 정치 주체였던 왕이 도덕적이어야 백성에게도 좋은 영향을 끼친다는 것도 잘 알고 있기에 성선을 주장했던 것이다. 유가를 관통하는 기본 생각이기도 했다. 맹자의 성선은 인간 본성에 관한 철학적 관심을 넘어선 정치 이념이라고 볼 수 있다.


**콘트** 참으로 멋진 말이군요. 차마 어찌할 수 없는 마음이라니. 그것이 선한 동기가 되어 선한 행동으로 이어진다는 논리를 내세운 건 정말 맹자님답습니다.

**맹자** 저는 인간에게는 누구나 선한 동기가 있고 선한 동기를 실천할 수 있는 선한 마음이 내재되어 있다고 봤습니다. 곧 '차마 어찌할 수 없는 마음'이지요. 타인을 향한 동정과 공감이기도 합니다. 억지로 가지려 해서 갖는 게 아니라 자연스럽게 생기는 마음입니다.

**공자** 그래요. 인간이 인간다울 수 있는 이유는 선을 행할 수 있는 가능성에 있어요. 인간이 선을 행할 수 없다면 도덕이 불가능하고 도덕이 불가능하면 인간 사회는 약육강식이 지배하는 동물의 세계와 다르지 않겠지요. 인간은 이성적이기보다 감정적이고 논리적이기보다 충동적인 존재입니다. 인간은 감정과 충동, 욕망을 제어할 수 있는 능력도 함께 지녔죠.

**맹자** 제가 인간의 네 가지 선한 마음의 단서로 들었던 측은지심, 수오지심, 사양지심, 시비지심은 결국 인간이 왜 선하게 살아가야 하는지에 대한 해답입니다. 그렇지만 하나의 가능성일 뿐입니다. 인간이 비록 선하다 해도, 인간은 악한 행동을 많이 합니다. '착한 사마리아인의 법'을 법제화하는 것도 인간의 선한 마음이 실천으로 이어지게 하려는 데 목적이 있습니다. 제가 인간의 선함을 가리켜 '사단지성'이 아닌 '사단지심'이라고 이름 붙인 까닭도 마찬가지예요. 인간의 본성이 선하다는 건 실천을 통해 인간의 선한 마음이 실제적인 영향력으로 이어져야 하기 때문이죠.

**콩트** 그래서 저는 '이타주의'라는 말을 만들었습니다. 인간이 이기심을 극복하고 타인을 고려하며 배려하는 것이 진정 모든 이에게 행복과 안정을 선사하기 때문입니다. 내 앞에 초콜릿이 있다고 홀라당 집어먹으면 당장 배는 부르겠지만 그 행동이 타인에게 줄 영향력 또한 고려해야 합니다. 함께 살아가고자 하는 마음, 그것이 곧 이타주의입니다.

**맹자** 콩트님의 이타주의는 상당히 계산적이라고도 볼 수 있겠어요. 저는 인간의 선함이 계산되었다고 보지 않아요. 인간에게 본질적이니까요. 선함은 계산하기보다 선한 것 자체로 존중되어야 한다고 봅니다. 선함은 순수하게 선해야겠죠.

**콩트** 하지만 모든 인간이 선한 마음을 갖고 있다고 해서 선한 행동을 하는 건 아니죠. 선한 행동이 더 좋다는 걸 알 수 있다면 더 많은 사람이 선한 행동을 할 거라는 점에서 이성적 계산이 꼭 나쁜 건 아닙니다.

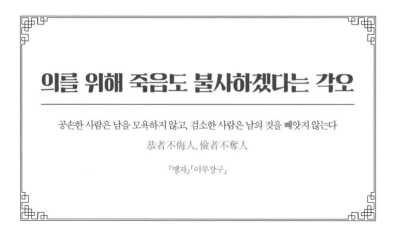

맹자는 참 단단한 사람이다. 양혜왕과의 대화에서 봤듯 한 나라의 임금 앞에서도 전혀 떨지 않았다. 말 한마디 실수에 목이 달아날 수 있는 상황에서도 꿋꿋하다, 거침이 없다, 할 말은 한다. 한마디로 맹자는 '대장부'였다.

『맹자』가 널리 읽힌 건 '맹자'라는 사람이 갖는 힘 덕분이었다. 과학 기술이 아무리 발전한다 해도 사람은 늘 사람을 본보기로 성장해 나간다. 주변에 맹자 같은 '어른'이 있다면 얼마나 큰 힘이 되고 위로가 될까.

맹자가 제나라에 갔을 때의 일이다. 제자 하나가 "제나라 왕이 선생님께 재상 자리를 맡기신다면 선생님의 마음도 흔들리지 않을까요?"라고 묻자, 맹자는 단호히 "그럴 리 없다. 나는 마흔이 되면서부터 마음에 흔들림이 없다"라고 대답했다. 맹자는 '불혹'이 된 자신을 가리키며, 대장부란 부귀 앞에서도 마음이 어지럽지 않고 가난해도 뜻을 바꾸지 않으며 위세와 무력에도 절개를 굽히지 않아야 한다고 했다.

맹자는 인간의 당당함을 '호연지기'로 표현했다. 그는 호연지기를 딱 꼬집어 설명하기 어렵다고 하면서, "기란 매우 크고 강한데, 올바른 뜻으로 기르고 해치지 않는다면 하늘과 땅 사이에 가득 찰 것이다. 그리고 기는 의와 도를 짝으로 삼는다."라고 말했다. 이어, "만일 행동을 하면서 마음에 흡족하지 않는 바가 있다면 기는 위축되고 말 것이다."라고 말했다. 여기에서 보듯 맹자는 항상 마음을 다하고, 자신에게 솔직해질 것을 요구한다. 진실한 인간으로 살아가길 요청한 것이다.

맹자는 말했다. "어떤 이가 나에게 부당하게 횡포를 부린다고 가정해보자. 이럴 때 군자라면 '내가 '인'하지 못해 그런가 보다, 분명 '예'를 지키지 않아 그런가 보다. 그렇지 않고서야 어떻게 이런 대접을 받겠는가'라며 반성할 것이다. 그렇게 '인'을 실천했고 '예'를 실천했어도 부당한 횡포가 계속되면 군자는 '내가 진심을 다하지 않았나 보다'라고 말할 것이다."

누구나 느끼는 일이겠지만, 일상에서 흔들리지 않는 마음을 갖기 위해 얼마나 애를 쓰며 살아야 하는가. 사람은 너무 자주 쉽게 흔들린다. 산전수전, 공중전까지 다 겪어도 흔들리는 게 사람 마음이다.

어떻게 하면 흔들리지 않을 수 있을까. 맹자는 자신을 돌아봤을 때 스스로 당당하지 못하면 누더기 입은 비천한 사람도 두려울 것이지만 스스로 당당하면 천군만마와 대적할 수 있을 거라고 봤다. 독백과도 같은 그의 마음을 읽어보자.

"물고기도 내가 원하는 것이고, 곰 발바닥도 내가 원하는 것이라 하자. 나는 이 두 가지를 모두 얻을 수 없다면 물고기를 버리고 곰 발바닥을 택할 것이다. 마찬가지로 삶도 내가 원하는 것이고, 의도 내가 원하는 것이라 하자. 나는 이 두 가지를 모두 가질 수 없다면 삶을 버리고 의를 택할 것이다. 삶도 내가 원하는 것이지만 의는 내가 삶보다 더 원하는 것이기 때문이다. 그러므로 삶을 구차하게 얻으려 하지 않는다.

죽음도 내가 싫어하는 것이지만 죽음보다 더 싫어하는 게 있다. 그래서 환난도 굳이 피하려 하지 않는다. 만일 사람들이 원하는 최선이 삶이라면 이를 얻기 위해 모든 방법을 동원할 것이다. 만일 사람들이 죽음보다 더 싫은 게 없다면 죽음을 피하기 위한 모든 방법을 동원할 것이다.

——— 맹자

그런데 잘살 수 있는데도 그렇지 않고 화를 피할 수 있는데도 그렇지 않다면 삶보다 더 원하는, 죽음보다 더 원하는 게 있기 때문이다. 이는 현자만이 가진 마음이 아니라 모든 사람이 다 가지고 있는 마음이다. 다만 현자는 이를 잃지 않을 뿐이다."

— 『맹자』「고자상」 10장

**파스칼** 인간은 자연 속 갈대와 같이 연약한 존재입니다. '생각하는 갈대'죠. 그런 의미에서 맹자님의 호연지기가 멋있게 다가옵니다.

**맹자** '생각하는 갈대'라, 연약한 존재인 인간이 생각할 수 있기에 강하다는 의미입니까?

**파스칼** 그렇죠. 인간에겐 맹수가 가진 힘과 이빨도 없고, 새처럼 나는 능력도 없으며, 물고기처럼 헤엄치는 능력도 없습니다. 하지만 '이성'이 있기에 세상 그 어떤 존재보다 더 강하게 살아남을 수 있었습니다. 유혹에 흔들리지 않는 의연함으로 세상에 맞서 의로움을 실천하는 맹자님에게서 그런 강인함을 느낄 수 있었습니다.

**맹자** 인간이라면 마땅히 해야 할 일을 해야 하고, 마땅히 가야 할 길을 걸어가야 한다고 믿습니다. 인간에게 비록 이성이 있다 해도, 인간이 얼마나 나쁜 짓을 많이 저지릅니까. 인간은 서로를 괴롭히거나 지배하기도 합니다. 오히려 이성을 이용해 더 나쁜 짓을 저지르는 게 인간이죠. 마땅히 해야 할 일을 하는 게 의로움이고, 의로움은 인간이 가진 선함을 기르는 데서 출발한다고 믿습니다. 저는 이에 대한 굳건한 믿음을 지켜내려 한 것이죠.

**파스칼** 옳은 말씀입니다. 그런 점에서 인간은 '도덕을 실천할 수 있는 갈대'라고 규정하는 것은 어떨까요. 아무리 작은 운동도 전 자연에 영향을 주기 마련입니다. 인간의 행동 하나하나 역시 마찬가지죠. 인간은 이성을 통해 올바르게 사유해야 하고, 자신의 행동이 미칠 영향력을 생각해 신중하게 행동해야 합니다.

**맹자** 그런 점에서 자신을 대면해 부끄럽지 않게 살아갈 수 있다면 충분히 도덕적인 사람입니다. 그런 사람이 진정 용기 있는 사람이기도 하죠. 반성하고 정직하며 성실하고 용기 있게 마음을 다스리고 의지를 키우는 게 호연지기라고 할 수 있습니다. 저는 임금이야말로 대장부여야 한다고 봅니다. 그래야 흔들림 없이 나라를 올바르게 다스릴 수 있기 때문이죠.

**파스칼** 인간의 이성에 대한 저의 믿음만큼이나 확고하군요. 의리에 바탕을 둔 정치를 실현하고 호연지기를 통해 진실한 사람으로 살아가려 했던 맹자님의 용기에 감탄할 따름입니다. 기세가 정말 대단하십니다. 관우, 장비와도 대적할 듯하네요. 그러니 왕 앞에서도 당당할 수 있었겠지요.

—— 맹자

## — 백성과 함께 즐거움을 누리는 세상

전국시대에는 왕이 호화로운 생활을 위해 백성을 착취하는 것이 아무렇지 않은 일이었다. 이웃 나라를 침범해 더 큰 땅과 더 많은 백성을 소유하며 천하에 이름을 떨치는 것이 왕의 취미생활이었다.

당시 그런 왕을 비유하는 말이 '천승국' 또는 '만승국'이었다. 네 마리 말이 끄는 수레가 천 대 또는 만 대 있다는 뜻이다. 오늘날 석유로 부를 이룬 중동 왕자들에 비유할 수 있다. 그런 왕에게 부족함이란 오로지 더 갖지 못한 데에 대한 상대적 부족함이지 절대적 부족함은 아니었다.

맹자는 바로 그런 점을 파고들었다. 그는 의로움을 위해서라면 죽음을 불사하겠다는 각오가 서 있었다. 삶과 의로움, 둘 중 하나를 선택한다면 망설임 없이 의를 선택하겠다고 말할 정도였다. 공자가 말한 '몸을 바쳐 인을 이룬다'는 살신성인과 같은 맥락이다.

이런 각오가 있었기에 당대 수많은 논변가와의 논변에서 이길 수 있었고, 왕을 대할 때도 당당함을 유지할 수 있었다. 무엇보다 그런 태도는 백성을 진심으로 사랑하는 마음에서 비롯되었다.

맹자가 혜왕을 찾아갔을 때 연못가에 서서 갖가지 새와 짐승들을 바라보던 그는 맹자에게 "현자들도 이런 것들을 즐깁니까?"라고 물었다. 이에 맹자는 "현자라면 이런 것들을 즐길 수 있습니다. 반면 현자가 아니라면 이런 것들을 즐길 수 없습니다."라며

"백성이 왕이 죽어 없어지길 바랄 지경이라면 아무리 훌륭한 대와 못, 아름다운 새와 짐승들로 가득하다 한들 어찌 혼자 즐길 수 있겠습니까?" 하고 말했다.

백성을 위해 만든 거라면 아무리 하찮은 것이라도 백성들은 함께 즐길 것이고 그렇지 않으면 아무리 대단한 것이라도 싫어할 거라는 말이다.

음악을 좋아한다는 제나라 선왕을 만난 맹자는 "혼자서 음악을 즐기는 것과 남과 더불어 즐기는 것 가운데 어느 쪽이 더 좋을까요?"라고 물었다. 그러자 선왕은 "여럿이 즐기는 게 좋겠지요"라고 대답했다. 다시 맹자가 "그렇다면 많은 사람이 즐기는 것과 몇 사람이 즐기는 것 가운데 어느 쪽이 더 나을까요?"라고 묻자 선왕은 "많은 사람이 즐기는 게 좋겠지요" 하고 대답했다.

맹자는 임금 혼자 독차지해서 즐기지 말고(독락), 백성과 나눌 생각을 왜 하지 못하냐며 꾸짖었다. 이것이 바로 백성과 함께 즐긴다는 뜻의 '여민동락'이다.

맹자는 "백성이 가장 귀하다. 그다음이 사직이고, 그다음이 임금이다. 많은 백성의 마음을 얻으면 천자가 될 수 있고, 천자의 마음에 들면 제후가 될 수 있고, 제후의 마음에 들면 대부(귀족)가 될 수 있다. 제후가 사직을 위태롭게 만들면 그를 몰아내고 현인을 제후로 세운다. 좋은 제물로 정해진 시기에 제사를 올렸는데도 한발이나 홍수의 재해가 발생하면 사직단과 담을 허물어버리고

── 맹자

다시 세운다."고 말했다.

'사직'이란 무엇인가? '사직'이란 오곡의 신에게 농사가 잘되길 기원하는 곳이다. 조선에도 사직이 있었는데, 유적은 현재 '사직 체육관'에 있다. 임금의 궁궐인 경복궁을 두고 오른쪽엔 사직이 왼쪽엔 종묘가 서 있다. '종묘'란 역대 조선 임금들의 위패를 모셔 둔 곳이다.

조선 시대 벼슬아치들의 유행어 중 하나가 바로 '종묘와 사직이 위태롭습니다'라는 말이었는데, 나라가 송두리째 흔들리고 있다는 뜻이다.

그런데 맹자는 사직보다 중요한 것으로 백성을 꼽았다. 백성 없인 나라도 군주도 없다는 점을 명확히 했다. 그렇기에 맹자는 성인이 군주가 되어야 한다고 봤다. 기준이 엄격했는데 맑고 깨끗한 사람, 책임감 있는 사람, 온화한 성격을 지닌 사람이었다.

이런 맹자의 생각을 '역성혁명'이라고 부른다. '성'을 거스르고 '명'을 바꾼다는 뜻이다. '성'이란 본래적이고 근본적인 것이고 '명'이란 정치적 정당성을 가리키는데, 이를 모두 부정한다는 의미다.

맹자는 사직단과 담을 허물어버리더라도(나라의 모든 것을 바꾸더라도) 백성을 위해서라면 임금마저 바꿀 수 있다고 주장한 것이다. 임금을 바꾸다니, 귀를 의심하게 만든다. 전국시대라는 걸 고려하면 맹자의 발언은 수위가 정말 높다.

그렇지만 역성혁명이 실제로 일어나기는 매우 어렵다. 맹자가 잘못된 정치를 하면 혁명을 통해 왕을 교체할 수 있다고 주장한 것은, 백성을 잘 통치하기 위한 의도였지 백성에게 자유를 준다거나 정치적 권리를 주기 위함은 아니었다.

전국시대에 백성을 위한 정치를 펼치기 위해서는 왕에게 호소하고 설득하는 일 이외의 방법은 없었다. 오늘날처럼 시민운동이 가능하다거나 대통령 선거에 직접 나갈 수 있는 사회 구조가 아니었기 때문이다.

그럼에도 모든 권력이 임금에게 집중되는 절대 권력의 시대에 대단히 획기적인 발상이었다. 맹자가 양나라 혜왕을 찾아가고 제나라 선왕을 찾아가며 그들과 논쟁을 벌인 까닭은, 그들이야말로 나라를 구제할 장본인이었기 때문이다.

맹자의 생각을 들여다보면 사회계약론이 떠오른다. 17~18세기 유럽에서 일련의 사상가들이 전제군주의 폭정을 막고 시민의 자유와 권리를 보장하고자 국가가 어떻게 구성되었고 정치권력이 어떻게 형성되었는지 제시한 견해를 '사회계약론'이라고 부른다. 사회계약론의 대표 사상가로 홉스, 로크, 루소 등을 들 수 있다. 그들이 주장한 내용은 대략 이렇다.

'모든 인간은 천부의 권리를 갖지만 자연 상태에서는 자유와 권리의 보장이 확실하지 않다. 이에 계약을 맺어 국가를 구성하고 권리를 국가에 위임했다.'

———— 맹자

**루소**　맹자의 이상사회는 한마디로 '여민동락', 즉 백성과 함께 즐거움을 누리는 세상이겠군요.

**맹자**　어느 시대나 어느 국가를 막론하고 백성 없이 나라가 있을 수 없는 일입니다. 반면 권력을 쥔 사람은 백성을 부려 자기의 이익을 챙기기 마련이지요. 참 아이러니한 일입니다.

**루소**　맞는 말이에요. 민심을 얻으면 나라를 얻을 수 있고 민심을 잃으면 나라를 잃는다지만, 민심을 얻지 않고서도 호의호식하는 벼슬아치들이 얼마나 많습니까. 백성과 함께 즐긴다는 '여민동락'이란 결국 백성이 바라는 것, 그들에게 필요한 것들을 줄 수 있는 정치인데 말입니다.

**맹자**　제가 백성이 줄고 있다며 걱정하는 혜왕에게 "흉년에 굶어 죽은 시체가 길거리에 뒹굴고 있어도 곡식 창고를 열어 백성들을 구휼하지 않고서 '이것은 내 탓이 아니라 흉년 탓이다'라고 말한다"라고 했던 말의 의도는 '잘되면 내 탓, 안 되면 남 탓'을 하는 무책임한 정치인에 대한 비판이었죠. 그래서 저는 '역성혁명'을 주장하기에 이르렀습니다.

**루소**　2천여 년 전에 동양에서 그런 생각을 했던 사람이 있다니, 놀랍기 그지없습니다. 백성의 뜻을 거슬러서는 안 된다는 소극적 생각에서 백성의 뜻을 거스르면 교체할 수 있다는 적극적 생각으로 나아간 것 아닙니까. 저 역시 국가 권력에 대한 저항권을 주장했습니다.

**맹자** 이런 생각이 아니고서는 백성에게 횡포를 저지르는 왕을 어찌할 수가 없지 않겠습니까. 백성의 왕이 바뀌는 날은 전쟁에서 다른 나라의 왕이 승리했을 때입니다. 그럼 그 왕이 다시 왕좌를 차지하고 백성을 착취하는 일이 반복됩니다. 저는 백성을 위하는 세상이 오지 않을까 두려웠죠. 나쁜 지도자에 대한 일종의 경고입니다.

**로크** 백성을 사랑하는 마음이 느껴지는 대목이에요. 그렇게 해서라도 백성을 위하는 세상을 만들겠다는 의지가 정말 믿음직스럽습니다. 저희 사회계약론자들은 시민의 권리를 존중하고자 국가와 국민이 계약을 맺고 국민의 권리를 국가에 양도했다고 봤습니다. 국가는 국민을 지켜야 할 의무가 있는 것이죠.

**맹자** 사람들이 서로 싸우고 갈등을 겪을 수 있으니 국민의 권리를 국가에 양도하고 대신 안전을 취하는 방식이군요. 굉장히 합리적인 방식입니다. 제가 살던 당시만 해도 국민에게 권리란 존재하지 않았습니다.

**홉스** 그렇다 해도 저항권을 인정할 수는 없어요. 군주의 강력한 권리만이 백성을 혼란으로부터 구할 수 있으니까요.

**루소 / 로크** 홉스님의 방식은 구식이 되어버린 지 오래입니다. 심지어 홉스님보다 더 오래 전에 살았던 맹자님도 역성혁명을 주장했는데요.

—— 맹자

**맹자** 전제군주의 왕권을 옹호하다니, 홉스님의 생각은 당시 법가와 비슷합니다.

**홉스** 현대 민주주의에 들어서는 정치인들이 백성의 마음을 얻으려고 더욱 애쓰고 있다고 들었습니다. 선거에서 당선되기 위해서 말이죠. 제 마음에는 안 드는 방식이지만요.

**맹자** 정치인들이 권력을 탐해 다음 선거에도 또 당선되길 바라는 대신 국민에게 필요하고 국민이 원하는 것에 귀 기울인다면 정의가 바로잡히겠죠. 하지만 세상에 백성만을 위하는 순수한 정치인이 있을지 의문입니다.

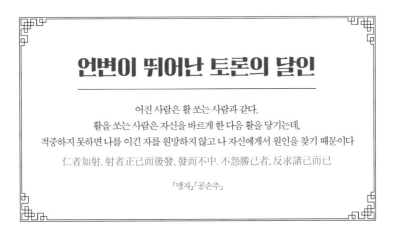

# 언변이 뛰어난 토론의 달인

어진 사람은 활 쏘는 사람과 같다.
활을 쏘는 사람은 자신을 바르게 한 다음 활을 당기는데,
적중하지 못하면 나를 이긴 자를 원망하지 않고 나 자신에게서 원인을 찾기 때문이다
仁者如射, 射者正己而後發, 發而不中, 不怨勝己者, 反求諸己而已

『맹자』「공손추」

선거로 국민의 대표를 뽑을 수 있는 현대 민주주의 사회에서는 '선거'가 맹자의 '혁명'을 대신하고 있다. 선거는 전쟁과 폭동이 아닌 평화로운 방식으로 대표자를 교체할 수 있는 제도다. 이에 민주주의 사회에서는 말과 이미지가 중요해진다.

토론으로 생각을 교환하고 서로 비판할 수 있으며, 미디어를 통해 좋은 이미지를 만들어내기도 한다. 과거에도 말과 이미지는 중요했다. '세 치 혀'로 외교 담판을 짓거나 힘이 센 장수가 가진 엄청난 기운의 이미지에 주눅 들어 전투를 포기하는 경우도 있었다.

맹자는 언변이 뛰어난 인물로 토론의 달인이었다. 『맹자』가 동양의 수많은 고전 중에서도 손꼽히는 이유는 유가 사상을 체계적으로 다졌다는 점도 있지만 맹자의 논리적인 전개 때문이기도 하다.

유가 사상이 확실한 정치 질서로 자리잡지 못했던 전국시대 당시 맹자는 수많은 사람과 논쟁을 벌여야 했다. 수많은 논쟁으로 맹자는 유가 사상을 변호하면서 자신의 이론을 더욱 단단히 다져 나갈 기회를 잡을 수 있었다.


## — 맹자가 비판한 사상가들

맹자가 가장 격렬하게 비판한 사상가는 양주였다. 그는 "내 털 하나를 뽑아 세상을 이롭게 할 수 있더라도 그렇게 하지 않을 것이다"라고 말했다. 자기 몸을 온전히 보전하며 조금의 위험이나 희생을 감수하지 않을 거라는 양주의 생각을 '오로지 자기만을 위한다'라는 뜻의 '위아주의'라고 부른다.

모든 것을 왕에게 빼앗기고 전쟁으로 목숨을 부지하기 어려웠던 당시였기에 충분히 공감할 수 있는 생각이다. 한편 세상을 구하겠다고 섣불리 나서 오히려 세상을 더욱 혼란스럽게 만드는 사람들도 많았으므로 이를 비판한 것으로 해석해볼 수도 있다.

그런데, 양주는 왜 인간의 수명이나 명예, 지위, 재물 따위에 전혀 관심이 없었을까? 국가와 사회를 위한다는 명목으로 개인의 지나친 희생이 요구되었던 당시의 상황과 관련이 깊을 것이다.

정치인들은 백성의 생활을 돌보기보다 권력 다툼에 눈이 멀었고, 왕과 제후들은 조금이라도 더 넓은 땅을 차지하고자 전쟁을 밥 먹듯 벌였으니 누가 좋아하겠는가. 양주는 그런 것들에 얽매여 인생을 허비하지 말고 즐거움을 찾아 마음 편히 행복하게 살아가는 것을 최고로 꼽았다.

**맹자** 양주님은 정치에 무관심할 뿐만 아니라 양주님의 생각은 자칫 사회를 망칠 수도 있습니다.

**양주** 인생을 허비하지 말고 즐거움을 찾아 마음 편히 행복하게 살아가라는 것이 왜 세상을 망치는 일인지 모르겠군요. 현대 사회에는 '욜로'도 등장했습니다. 아무리 열심히 살아간들 더 나아지지 않는 삶에서 무엇을 찾을 수 있을까요?

**맹자** 지나친 개인주의는 이기주의가 될 수도 있습니다. 타인을 위하지 않고 자기만을 위하는 '이로움'을 추구하는 것이지, 타인을 위하는 '의로움'을 추구하는 것은 아니기 때문이죠. 공동체에게도 불행한 일입니다. 왕이 그런 생각을 가지면 어떻게 될까요. 정사를 돌보지 않을 것이고 백성의 삶은 더욱 피폐해지겠죠.

**양주** 왕이 백성을 돌본 적이 있습니까? 백성은 전쟁이 일어나면 군인이 되어 나가 싸워야 하고, 전쟁이 일어나지 않아도 온갖 세금을 갖다 바쳐야 합니다. 그래서 맹자님의 생각을 들어준 군주가 있습니까. 실제 정치에서는 의로움보다 이로움을 추구하는 게 낫습니다. 백성을 위한답시고 정치에 뛰어드는 사람들이 오히려 정치를 망친다고 생각합니다. 그냥 가만히 있는 게 도와주는 일이지요.

**맹자** 그럼에도 양주님이 주장하는 위아주의는 사회 질서뿐만 아니라 각자가 맡은 사회적 책임을 회피하는 충분한 근거가 될 수 있어요.

**양주** 책임 회피요? 정치가 바뀔 가능성이 전혀 보이지 않는 상황에서 할 수 있는 일이 뭐가 있겠소. 차라리 정치에 무관심한 게 낫습니다. 백성이 무슨 힘이 있다고 군주를 바꾸겠습니까. 게다가 군주가 바뀐들 달라질 건 또 무엇이겠습니까. 그 밥에 그 나물일 뿐이죠. 나서지 않는 게 최선이고 나를 건드리는 사람이 없는 게 최선이지요.

**맹자** 양주님의 말대로 정치가 바뀔 가능성이 없을 때일수록 더욱 정치에 관심을 가져야 합니다. 저처럼 정치를 바꾸려는 사람이 더 많아져야 군주도 자기 마음대로 하지 못할 겁니다. 역사 발전이란 그런 것입니다. 당장 아무것도 바뀌지 않아 보이지만 긴 시간을 두고 보면 진보해 있기 마련이니까요.

맹자가 비판한 또 하나의 사상가는 묵자였다. 묵자는 모든 사람을 차별 없이 사랑하라고 했는데, 유가의 입장과 대치되는 주장이었다.

모든 사람을 차별 없이 사랑하면 왕과 신하의 관계, 부모와 자녀의 관계, 부부 사이의 관계에 있는 위계질서가 모두 무너지고 말기 때문이다. 가족과 이웃에 대한 사랑을 사회와 국가로 확대해 나간다는 유가의 입장과 대치되는 것이었다. 아무 관계도 없는 사람과 부모를 차별 없이 대하라는 것 자체가 자연스러운 인간의 마음(인지상정)을 거스르는 일이었다.

유가는 묵가와 달리 부모 또는 임금에 대한 차별적 사랑에서 시작해 타인에게까지 확장하는 방식을 취한다. 삼강오행 중 오행이 맹자의 사상에서 비롯되었던 것도 그가 공동체 유지의 핵심 조건을 인간의 정서에서 찾았기 때문이다.

부모와 자식 사이에는 친함이 있어야 하고(부자유친), 임금과 신하 사이에는 의로움이 있어야 하며(군신유의), 부부 사이에는 구별이 있어야 하고(부부유별), 어른과 젊은이 사이에는 차례가 있어야 하며(장유유서), 친구 사이에는 믿음이 있어야 한다(붕우유신)는 것이 오행이다.

고리타분하게 느껴질 수도 있으나 이런 관계 기반 위에서 사회질서를 확립하고 정치적 기반을 인간의 선함에서 찾겠다는 유가의 기획은 인간의 보편적 정서에 기대 있다. 인간이란 결국 가장 가까운 사람으로부터 유대감을 형성하고 결속력이 생겨나기 때문이다. 이런 점에서 유가의 생각은 꽤 합리적인 접근법이었다고 평가할 수 있다.

하지만 유가의 생각은 평화로운 시대에 적합한 통치 방식일 수는 있으나 전쟁이 일어나는 상황에서는 적용하기 어려웠다. 적을 무찔러야 살아남는 상황에서 인간이 가진 정서만을 고려할 수는 없는 일이었다. 춘추전국시대 당시의 유가는 '마이너'였다.

유가 사상이 정치 질서로 정착하게 된 건 맹자의 시대로부터 200~300년 후의 일이었다. 한나라 사상가 동중서는 유가의 가치를 내면화시켜 백성 스스로 도덕적 질서에 입각해 살아가는 통치 방식을 채택했다.


**맹자**  무차별적으로 사랑하라니요. 부모 형제도 몰라 보라는 주장을 하십니까. 모든 것엔 질서가 있고 사람마다 해야 할 일이 있고 그에 따른 능력이 다릅니다. 어찌 인간의 질서를 해하는 주장을 하는지 이해가 가질 않습니다.

**묵자**  사람을 차별해 계급을 나누는 게 맹자님이 생각하는 질서입니까? 그래서 계급에 따라 더 사랑하고 덜 사랑하는 게 의로움인가요? 저는 그렇게 보지 않습니다. 그런 차별이 결국 백성의 목숨을 가벼이 여기게 만드는 원인입니다.

**맹자**  임금에겐 임금이 해야 할 일이, 귀족에겐 귀족이 해야 할 일이, 백성에겐 백성이 해야 할 일이 있습니다. 훌륭한 임금이 없어서 문제지, 신분 자체가 문제가 되진 않습니다. 우리가 살던 춘추전국시대에는 사회적 신분이 곧 질서였습니다. 그것을 무조건 부정하는 건 혼란을 부추기는 일이죠.

**묵자** 그건 윗사람들이 정말 모범을 보일 때 가능한 일이겠죠. 귀족이나 임금 중에 그런 사람들이 1%나 될까요? 모두 호의호식하려 하고 더 많은 권력을 가지려 하죠. 그러니 전쟁이 끊이질 않고 고통은 오롯이 백성이 떠안게 마련입니다.

**맹자** 그것을 막아야 합니다. 방어 전쟁도 좋지만 결국은 도덕성의 회복이 필요하죠. 묵자님은 그렇지 않았을지 모르지만 묵자님을 따르던 묵가는 시간이 흐를수록 범죄 조직처럼 변했습니다. 묵가의 우두머리인 거자는 아랫사람들의 생사를 결정할 만한 절대 권력을 누렸죠. 묵자님이 추구했던 세상의 평화를 위해 싸우는 목적도 점차 퇴색되고 말았습니다.

**묵자** 모르는 바 아닙니다. 내가 맹자님과 다르지 않다고 봅니다. 맹자님은 임금이 훌륭해야 한다고 봤다면 저는 일반 사람도 그래야 한다고 생각했기 때문이죠. 훌륭한 사람 여럿이 모여 집단을 형성하고 집단이 더 많은 사람을 구제하는 방식이죠. 물론 맹자님의 말씀처럼 실패로 이어졌지만요.

**맹자** 나 역시 성공한 건 아닙니다. 그럼에도 우리의 희망과 행동이 더 나은 시대를 열어갈 거라고 믿습니다.

맹자는 정치적 측면만을 강조하지 않았다. 경제에 있어서도 백성이 잘 먹고 살 수 있게 임금이 돌봐야 한다고 봤다. 맹자는 이를 '항산'과 '항심'이라는 개념으로 설명한다. '항산'이란 생계가 보장되는 걸 뜻하고 '항심'이란 마음이 흔들리지 않는 걸 뜻한다. 먹고살 수가 없는 상황에서 왕에 대한 충성을 바라고 이웃에 대한 배려를 바라는 것 자체가 모순이다.

맹자는 선비는 항산이 없어도 항심이 있지만 서민은 항산이 없으면 항심이 없다고 말했다. 먹을 게 넉넉해야 마음도 풍족해진다는 의미다. 이에 백성에게 안정적인 생활을 보장하고 선한 마음으로 살아갈 수 있도록 유도해야 한다고 주장했다.

맹자는 '정전법'을 제안했다. 수확의 10분의 1을 세금으로 내고, 풍년과 흉년에 따라 다르게 거둬야 한다고 주장했다. 특히 농경지의 경계를 바로잡아 수확되는 곡식의 양을 정확히 파악해야 한다고 봤다. 그래야 폭군이나 탐관오리들이 아무렇게나 세금을 매기는 걸 막을 수 있기 때문이다.

맹자는 백성에게 땅을 나눠주고 각자 힘써 농사를 짓게 한다면, 서로 우애를 쌓고 돕고 도적을 방어하며 질병이 나더라도 서로 의지할 수 있을 거라고 말했다. 백성을 향한 맹자의 마음이 느껴진다.

그런데, '농업'에 관심이 많았던 맹자는 '농가'의 창시자인 허행과 대립각을 세웠다. 허행은 임금 역시 농사를 짓고 백성과 함께

밥을 지어 먹어야 한다고 봤다. 맹자의 입장에서는 절대 수긍할 수 없는 개념이었다.

무차별적 사랑을 주장한 묵자나 누구나 농사를 지어야 한다고 주장한 허행은 같은 맥락에서 맹자에겐 비판의 대상이었다. 맹자 입장에서 임금과 신하와 백성은 각각 할 일이 따로 있었기 때문이다.

**허행** 저는 농사의 신인 신농씨를 모십니다. 신농씨는 몸소 밭을 갈았죠. 솔선수범했습니다. 조선 시대 왕들도 모범을 보이고자 직접 밭을 갈았다고 하더군요. 맹자님 역시 임금이 곧 군자여야 한다고 주장하지 않았습니까. 임금이 스스로 선을 행해야 백성도 따를 테니까요. 물론 자신이 먹을 양식은 자신이 직접 해야 한다는 게 우선이지만요.

**맹자** 하지만 임금에겐 임금이 해야 할 일이 있습니다. 국가 대소사를 결정해야 하는 임금이 농사까지 지으며 어떻게 정사를 돌보겠습니까. 조선의 임금 역시 형식적인 차원이었지, 농사가 직업은 아니었습니다.

**허행** 안타깝군요. 직접 농사를 짓는다고 해서 신분질서가 무너진다고 보진 않아요. 그런 고리타분한 생각이라면, 맹자님이 양나라 혜왕을 찾아가 당당히 말하고 제나라 선왕을 찾아가 할 말을 한다 해도 결국 달라지는 건 없어요.

——맹자

**맹자** 달라지는 게 없다니요. 임금의 착한 마음으로 백성을 대하면 백성 역시 착한 마음으로 살게 마련입니다. 게다가 저는 고대 국가의 경제 바탕이 되는 농사도 중요시했습니다. 그런 점에서는 허행님과 다르지 않아요.

**허행** 저는 모든 백성이 풍족하게 살 수 있는 세상을 원했습니다. 맹자님 역시 인정하지 않았습니까? 먹을 게 있어야 도덕도 행한다고 말이죠. 저는 그래서 농사 전문가가 되었죠. 맹자님이 도덕 정치 전문가이듯 말이죠.

**맹자** 저 역시 다르지 않습니다. 다만, 저는 경제보다 도덕과 정치에 더 무게를 뒀을 뿐이죠. 백성을 위한다는 목적에는 변함이 없습니다.

# 5장

# 자연을 따르며 긍정적으로 살자

## _장자

전국시대 송나라 사람으로 기원전 300년경에 살았다고 전해진다. 장자의 생각을 담은 33편으로 이뤄진 『장자』는 내편, 외편, 그리고 잡편의 세 가지 모음으로 구성되어 있다. 『장자』는 『논어』와 더불어 가장 많이 인용되는 동양 고전 중 하나인데, 우화 형식이라 매우 쉬우면서도 깊은 울림을 준다. 노자와 장자의 생각이 '도가'라는 학파로 이어지고, 이후 '도교'라는 종교로 넓혀지기도 했다.

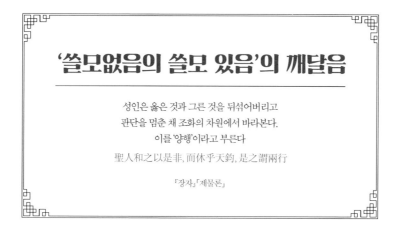

# '쓸모없음의 쓸모 있음'의 깨달음

성인은 옳은 것과 그른 것을 뒤섞어버리고
판단을 멈춘 채 조화의 차원에서 바라본다.
이를 '양행'이라고 부른다

聖人和之以是非, 而休乎天鈞, 是之謂兩行

『장자』「제물론」

사람들이 철학에 관심을 갖는 이유 중 하나는 철학이 주는 통찰 또는 새로운 생각에 있다. 통찰이나 새로운 생각들은 평소에 볼 수 없는 것들을 보게 해주거나 쉽게 지나쳐버린 것들을 전혀 다른 시각에서 보여주기도 한다. 누군가가 남긴 생각들과 생각의 방식들은 매우 독특하고 참신하다. 인식의 폭을 넓혀주기도 하고 시각의 전환을 가능하게 해주며 세계를 뒤바꾸기도 한다. '생각의 전환'과 관련해 장자가 자주 말하는 것 중 하나는 '쓸모없음'에 관한 내용이다.

어느 날, 혜자가 장자에게 말했다.

"자네가 하는 말은 아무 쓸모가 없네."

장자가 대답했다.

"쓸모없는 걸 알아야 쓸모 있는 것에 대해 말할 수 있다네. 하늘과 땅은 정말 넓고도 큰데, 사람이 걸어 다닐 땐 발을 디딜 만한 땅만 있으면 그뿐이야. 그런데 말일세. 그렇다고 발을 딛고 있는 부분을 재서 그것만 남겨두고 나머지 부분들을 땅속까지 파 없애버린다면 어떻게 되겠는가. 그래도 발을 딛고 서 있는 부분의 땅이 쓸모가 있을까?"

혜자가 말했다.

"쓸모없지."

"그러니까 쓸모없는 것도 쓸모 있다고 말할 수 있겠지."

-『장자』「외물」

혜자는 심술이 난 모양이다. 대뜸 장자에게 장자가 하는 말은 아무 쓸모가 없다며 시비를 걸어온다. 둘은 오랜 친구 사이다. 장자는 혜자가 시비를 걸어오는 이유를 잘 알고 있다. 혜자는 장자의 친구로『장자』에서 장자와 논쟁을 벌이는 인물로 등장한다. 장자는 혜자와의 언쟁에서 혜자가 놓치는 부분들을 짚어주며 쉽게 지나칠 수 있는 삶의 진실을 들려준다.

혜자는 장자와의 대화에서 의문을 제기하고 장자는 전혀 생각지도 못한 관점으로 대답한다. 혜자는 장자에게 은근히 도전해 장자가 의도하는 바를 명확히 하는 역할을 맡고 있다. 말장난처럼 보이는 이 우화에서 장자는 '쓸모 있는 것'에 대해서만 알면 '쓸모 있는 것'에 대해서만 말할 수 있지만 '쓸모없는 것'도 알아야 '쓸모 있는 것'에 대해서도 말할 수 있다고 말한다. 쓸모 있는 것만 가치 있다고 여기는 혜자에게 쓸모없는 것의 가치를 알려주고 있다.

　장자가 예로 든 건 쓸모없는 땅에 관한 이야기다. 발을 딛고 사는 땅은 일부이나 나머지를 없애버린다면 어떻게 될지 묻고 있다. 사람이 밟는 길만 두고 나머지를 없애버리면 어떻게 될까? 폭이 몇 미터 되지 않는 허공 위의 길을 걷는다고 상상하면 얼마나 공포스러운가. 공포심으로 균형을 잃고 끝없는 허공으로 떨어질 수도 있다. 장자의 말이 쓸모가 없기 때문에 오히려 쓸모 있는 것들의 유용성이 드러날 수 있다.

　쓸모없음과 쓸모 있음의 기준이 극명하게 드러나는 곳이 자본주의 사회다. 자본주의 사회에서는 쓸모 있는 게 '비용 절감'을 기준으로 이뤄질 때가 많다. 불이 자주 나지 않는다는 이유로 임금을 줄이고자 소방관의 숫자를 줄이면 그만큼 위험이 커진다. 큰 사고가 날 가능성이 적다는 이유로 지하철 정비사의 숫자를 줄이면 그만큼 안전을 보장받을 수 없다. 정규직이 아니어도 회사와 공장이 돌아간다는 이유로 비정규직이 많아지면 그만큼 사람들의 삶은 불안해질 수밖에 없다.

사람들이 모여 일하는 회사의 모든 공간을 사무실로만 채우면 어떻게 될까? 그곳에서 일하는 사람들은 매우 불행할 것이다. 딱딱한 사무실 속에서는 숨 쉴 공간이 없기 때문이다. 구글이나 페이스북과 같이 창조적 사업을 하는 곳에서 직원들을 위해 놀이 공간을 만들고 음료를 제공하는 등 '쓸모없는 일'을 하는 까닭은 직원들의 마음을 즐겁게 해 오히려 일의 능률을 올려주기 때문이다. 현대 건축물에서 '쓸모없는 공간'들이 갖는 존재 이유가 바로 여기에 있다.

또 하나의 이야기를 보자.

> 하루는 산속을 걷던 장자가 거대한 나무를 봤다. 가지와 잎이 무성한 그 나무 아래에는 나무꾼이 있었는데, 나무를 벨 생각은 않고 가만히 서 있었다. 장자가 이유를 물었더니 그가 대답했다.
> "이 나무는 쓸모가 없어요."
> 그 말을 들은 장자가 옆에 있던 제자에게 말했다.
> "이 나무는 재목이 되지 못해 오히려 타고난 천수를 다할 수 있는 거라네."
>
> -『장자』「산목」

쓸모 있는 나무이기에 베어질 수 있다는 장자의 생각은 일상적인 관점에서는 생각하기 어렵다. 보통은 쓸모가 있어야 유익하고

── 장자

팔린다. 그렇지만 장자는 유익하지 않고 팔리지 않기에 자기의 모습을 지킬 수 있다고 생각했다. 곧은 나무는 잘리지만 굽은 나무는 잘리지 않아 생명을 유지할 수 있었다. 물론 무엇이든 파는 요즘 세상에서는 쓸모없어 보이는 나무도 조경용으로 팔릴 수 있다. 다만 여기서 중요한 건 관점을 달리해 바라볼 수 있어야 한다는 점이다.

장자는 진지하게 관찰하는 사람이었다. 숲속에 곧은 나무와 굽은 나무가 공존한다는 사실을 알았고, 그중에서 나무꾼이 곧은 나무를 베어간다는 사실도 알았다. 장자는 어떤 현상을 두고 '왜 그럴까?'라는 질문을 던졌다. 일상적인 시각에서 보면 그런 사실을 알아채기 어렵다. 알아채더라도 나무꾼이 베어간 나무와 베어 가지 않은 나무를 보며 장자와 같은 깨달음을 얻기란 어렵다. 장자의 혜안이 돋보인다.

관찰과 질문은 새로운 관점을 길러주는 좋은 습관이다. 인간은 관찰을 통해 배우고 새로움을 발견한다. 관찰을 통해 타인의 생각과 행동에서 배우기도 하고 수많은 현상 속에서 의미 있는 원리나 법칙을 파악한다. 한편 질문은 호기심을 갖게 하고 모르는 걸 알게 하며 새로운 방식을 찾게 하는 중요한 능력 중 하나다. 또한 자신이 갖고 있는 지식에 의문을 품게 해 기존 지식을 거듭해서 벗어나고 뛰어넘게 하는 계기를 만든다.

**코페르니쿠스** 쓸모없음에 관한 장자님의 이야기는 정말 인상적입니다. 쓸모 있는 것처럼 보여도 쓸모없을 수 있고 쓸모없는 것처럼 보여도 쓸모 있을 수 있다니, 발상의 전환입니다.

**장자** 제가 '쓸모없음의 쓸모 있음'을 말한 건 '쓸모없음'이 '절대적'임을 주장한 게 아닙니다. 고목은 쓸모없어서 오래 살기도 하고, 거위는 쓸모 있어서 일찍 죽음을 맞이하기도 합니다. 자기의 관점을 너무 고집하다 보면 잘못된 판단을 내릴 수도 있는 법이죠.

**코페르니쿠스** 장자님의 생각은 유럽에서 천동설 대신 지동설이 확고한 진리로 자리 잡은 사건만큼이나 획기적인 생각의 전환이 있어야 가능한 발상이라고 봅니다. 저는 그리스 학자인 프톨레마이오스 이후 지속돼온 천동설을 부정하는 지동설을 뒷받침하는 과학적 근거를 제시했었죠.

**장자** 과학적 방식으로 이뤄낸 결과군요. 제가 살던 시대는 프톨레마이오스님이 살던 시대보다도 훨씬 전이기 때문에 과학이 덜 발달했었습니다. 전 과학 대신 관찰을 했고 질문을 던졌습니다. 그리고 많은 생각을 했죠. 무엇보다 대화를 즐겼습니다. 특히 제 책에 자주 등장하는 혜자는 특별한 친구랍니다. 그가 없었다면 제 대화가 이렇게 재밌지는 않았을 테니까요.

**코페르니쿠스** 관찰과 질문은 과학에 있어서도 매우 중요한 요소이자 능력입니다. 전 그동안 지속되어온 프톨레마이오스의 천

— 장자

동설에 문제가 있음을 발견했고, 무엇이 잘못되었는지 또 어떤 자료에 문제가 있었는지 질문을 던졌습니다. 하지만 오래도록 기독교 사회를 유지해온 유럽에서 지동설을 주장하는 건 이단으로 몰리는 위험한 일이었죠.

**장자** 그렇군요. 종교 자체를 부정하는 건 아니지만 그것 역시 위험한 독단이자 독선입니다. 아무리 훌륭한 생각이더라도 특정한 시선에만 머물면 독단과 독선으로 이어질 수 있어요. 유럽 중세에 발생했던 '마녀사냥' 역시 그런 선상에 있으니까요.

**갈릴레이** 그렇습니다. 그래서 저는 종교재판을 받기에 이르렀죠. 물론 목숨을 보전하고자 재판에서는 지동설을 부정했지만 평생 지동설이 진리임을 믿었습니다. 저도 관찰을 즐겼어요. 제게 관찰의 도구는 망원경이었죠. 물론 코페르니쿠스님이 모아온 자료가 중요한 근거가 되어줬습니다.

**장자** 그랬군요. 개개의 사람도, 인간 문명의 발전도 새로운 시각이 중요한 역할을 한다는 사실은 틀림없어요.

## — 끊임없는 인식의 전환

동곽자가 장자에게 물었다.

"도라는 게 어디에 있습니까?"

장자가 대답했다.

"없는 곳이 없지요."

동곽자가 말했다.

"예를 들어 말씀해주시지요."

장자가 대답했다.

"땅강아지나 개미에게 있습니다."

"어찌 그리 하찮은 걸 예로 드십니까?"

"돌에도 있습니다."

"어찌 갈수록 심한 예를 드십니까?"

"똥이나 오줌에도 있지요."

동곽자가 대꾸를 하지 않자 장자가 말했다.

"선생의 질문은 본디 질정(물가담당 관리의 명칭) 획이 시장 감독관에게 돼지와 신발의 가격에 대해 물었던 일에도 미치지 못합니다. 보다 하찮은 물건일수록 물가를 보다 더 정확하게 반영하고 있지요. 선생은 굳이 특정한 사물에 집착하지 말아야 합니다. 어떤 사물도 도에서 벗어날 수 없기 때문이죠. 진정한 도는 이와 같고 최고의 말도 이와 같습니다."

— 『장자』 「지북유」


동곽자는 은근히 비꼬고 있다. 그 대단한 도가 어디에 있냐며 장자에게 묻고 있다. 장자는 도는 모든 곳에 있고 똥에도 도가 있다며 되받아쳤다. 동곽자는 그런 하찮은 것에 어떻게 도가 있을 수 있느냐며 장자를 못마땅해한다. 그러자 장자는 동곽자의 '편견'을 지적한다. 정확히는 동곽자의 태도를 지적하고 있다. 본인이 하찮다고 여기는 게 누군가에게는 하찮지 않은 것일 수도 있고, 본인이 귀하다고 여기는 걸 누군가는 하찮게 여길 수도 있다. 상대의 입장에 서면 가치의 기준은 얼마든지 달라질 수 있다.

인간은 해온 방식으로 생각하고 행동하며 살아가는 경향이 있다. 그동안 쌓아온 방식에 익숙해져 있고 익숙해져 있기에 편하다. 새롭게 바라보기 위해 에너지를 쏟고 싶지도 않고 위험을 감수하고 싶지도 않다. 자신만의 사고방식, 행동방식, 삶의 방식이라는 '패턴'에서 벗어나는 건 정말 어려운 일이다. 하지만 패턴은 인간을 매너리즘에 빠지게 하고 '꼰대'로 만들기도 한다. 한 번 굳어진 인식은 인간을 과거의 어느 한 시점에 가두기도 한다.

장자는 끊임없이 인식의 전환을 요구한다. 다른 관점에서 생각할 수 있도록 자극한다. 인식의 확장이자 열린 생각이다. 인식의 자유로움은 새로운 아이디어를 떠올리는 것에 그치지 않는다. 한편으로 편견, 편협함, 독단과 독선을 넘어서는 데 있고, 다른 한편으로 내면의 조화와 균형, 다른 존재와의 조화와 화해를 추구하는 데 있다. 장자가 남긴 생각들이 수천 년 동안 이어질 수 있었던 것도 많은 이에게 커다란 영감을 줬기 때문이다.

또 하나의 이야기를 보자.

장자가 혜자와 함께 호수의 다리 위를 어슬렁거리고 있었다. 장자가 중얼거렸다.

"피라미들이 헤엄치면서 한가롭게 놀고 있군. 이것이 물고기의 즐거움이지."

혜자가 말했다.

"자네는 물고기가 아닌데 어떻게 물고기의 즐거움을 아나?"

장자가 대답했다.

"자네는 내가 아닌데 내가 물고기의 즐거움을 모른다는 걸 어떻게 알지?"

혜자가 말했다.

"나는 자네가 아니니까 정말로 자네를 알지 못해. 자네 역시 정말로 물고기가 아니니까 자네가 물고기의 즐거움을 모른다는 건 명백하지."

장자가 말했다.

"처음부터 생각해보자. 자네가 '자네는 물고기가 아닌데 어떻게 물고기의 즐거움을 아나'라고 물은 건 내가 그걸 알고 있다는 사실을 자네가 이미 알고서 물은 거야. 나는 호수의 물가에서 그걸 알았어."

— 『장자』 「추수」

물고기가 노는 모습을 본 장자가 물고기들이 즐거워 보인다고 말하자 옆에 있던 혜자는 어떻게 확신할 수 있냐며 딴지를 건다.

── 장자

장자는 자신이 아닌 혜자야말로 어떻게 자신에 대해 그렇게 잘 아느냐며 되받아친다. 그러자 혜자가 장자 자신이 물고기가 아닌데 물고기가 즐거운지 아닌지 어떻게 판단할 수 있냐며 반문한다. 이에 장자는 혜자가 딴지를 걸었던 처음의 물음 자체가 이미 잘못되었다고 지적한다. '물고기의 즐거움을 안다고 말하는 장자'에 대해 모르고서는 그 질문을 할 수 없기 때문이다. 장자는 섣부른 판단을 경계한다. 그런 판단이 인간의 인식을 가로막기 때문이다.

그런데, 다른 시각에서 보면 물고기는 자신을 두고 논쟁하는 두 사람에 관심이 없다. 혜자와 장자 둘이 고매한 정신세계를 주제로 논쟁한들 물고기에게 무슨 의미가 있겠는가. 혜자가 옳고 장자가 그르거나 장자가 옳고 혜자가 그른 차원의 문제가 아니다.

진리는 그저 인간에게만 중요한 일인지도 모른다. 인간에게 가치가 있다고 동물에게 가치가 있지 않고, 동물에게 가치가 있다고 다른 어떤 사물에게 가치가 있지 않다. 외계인이 있다면 외계인에게 인간은 어떤 존재로 비칠까. 그들에게 인간은 수족관의 물고기처럼 구경거리에 불과할지도 모른다.

장자는 '문제'를 전혀 다른 관점에서 해석한다. 제1의 관점에서 옳은 게 제2의 관점에서는 그르고, 제2의 관점에서 옳은 게 제1의 관점에서는 그르다. 그런데, 제3의 관점에서 본다면 제1의 관점도 제2의 관점도 무의미해질 때가 있다.

성능이 엇비슷한 컴퓨터 두 대를 두고 이것의 성능이 더 좋다, 저것의 성능이 더 좋다고 다투는 경우를 가정해보자. 어느 기준에서는 A라는 컴퓨터가, 어느 기준에서는 B라는 컴퓨터가 더 나을 수 있다. 하지만 컴퓨터가 필요하지 않은 사람이거나 컴퓨터에 아무런 관심이 없는 사람에게 이 논쟁이 무슨 의미일까.

원을 그릴 때 중심축이 되는 돌쩌귀에서 바라보면 모든 거리가 동일하다. 우주의 어느 지점에 서서 우주를 바라보더라도 우주가 무한한 것과 마찬가지다. 저것은 저것의 입장에서 옳고, 이것은 이것의 입장에서 옳으며, 저것은 이것의 입장에서는 그르고, 이것은 저것의 입장에서 그를 수 있다.

사물에는 저것 아닌 게 없고, 사물에는 이것 아닌 게 없다. 저쪽에서 보면 이쪽의 옳음이 보이지 않지만 이쪽에서 보면 이쪽의 옳음을 알 수 있다. 그러므로 저것은 이것으로부터 나오고 이것 역시 저것에 기인한다고 말한 것이다. 저것과 이것이 함께 발생한다는 주장이다. 그뿐만 아니라 삶과 동시에 죽음이 있고 죽음과 동시에 삶이 있다. 옳음(可)과 동시에 그름(不可)이 있고, 그름과 동시에 옳음이 있다. 참(是)은 거짓(非)에서 나오고 거짓은 참에서 나온다. 이 때문에 성인은 이런 것들에 따르지 않고 자연을 있는 그대로 바라보는데, 이 역시 자기가 '옳다고 믿는 바를 따르는 것(因是)'일 뿐이다. 이것은 또 저것이고, 저것은 또 이것이다. 과연 저것과 이것의 구별

172

이 있는 걸까? 과연 저것과 이것의 구별이 없는 걸까? 저것과 이것이 서로 대립하지 않는 걸 '도의 돌쩌귀[道樞]'라고 한다. 돌쩌귀는 고리의 중심축으로서 무궁한 변화에 호응한다. 옳음 역시 하나의 무궁(無窮)이고, 그름 역시 하나의 무궁이다. 그러므로 타고난 현명(賢明)에 따르는 것보다 좋은 건 없다고 한다.

-『장자』「제물론」


무궁한 변화 속에서는 절대적 옳음이 없다고 했다. 물론 절대적 옳음이 없으니 도덕을 버리고 살아야 한다기보다 누구나 자신의 입장에 서서 세상을 바라볼 수 있으니 경계해야 한다는 의미다.


**데카르트** 장자님의 이야기를 듣다 보니 저의 생각과 비슷한 부분을 발견할 수 있었습니다. 저는 인간의 이성을 통해 제가 가진 믿음을 의심하며 결코 부정할 수 없는 명제를 찾아냈죠. 바로 "나는 생각한다, 고로 존재한다"라는 명제입니다. 아무리 부정하고 부정하려 해도 제가 생각한다는 사실을 부정할 수는 없었어요. 그 부정할 수 없는 사실로부터 지식을 구축하려고 했습니다.

**장자** 정말 멋진 생각이군요. 인간이 가진 모든 믿음을 회의해보고 그중에서 결코 의심할 수 없는 단 하나의 명제를 발견하다니요. 저는 그것이 질문의 힘이라고 생각합니다. 저 역시 끊임

없는 질문을 통해 새로운 관점으로 세상을 보려 했습니다.

**데카르트** 그렇습니다. 저는 제가 가진 지식, 생각, 믿음이 참인지 되물었습니다. 거짓은 아닐까? 악마가 있어서 속이려 드는 건 아닐까? 그런 의심을 가졌죠. 그러며 저 스스로 의심하지 않을 수 있는 방식을 찾았습니다. 한편으로 저는 수학을 활용했다는 점에서 장자님과 다를 수 있겠군요. "한 내각의 크기가 직각인 삼각형을 직각삼각형이라고 한다"는 증명 없이 참으로 받아들이는 공리를 통해 수학을 탐구하듯 인간의 인식을 수학적 방식에 의거해 지식을 논리적으로 구축하려 했습니다.

**장자** 내가 가진 관점이 절대적인지를 의심한다는 측면에서 데카르트님과 저는 닮은 데가 있군요. 다른 관점이나 더 큰 틀에서 본다면 현재 갖고 있는 관점이 틀릴 수도 있으니까요. 그래서 인간은 자신이 가진 생각을 절대적으로 신봉해서는 안 됩니다. 하지만 저는 현실에서 인간의 의식이 가진 한계들을 타파해보고 싶었어요. 논리적으로 지식을 축적하는 과정과는 다릅니다. 비논리적일 수도 있죠. 하지만 비논리적이고 무엇으로도 설명할 수 없는 초월적 세계에 설 수 있다면 전혀 다른 세상을 볼 수 있겠죠.

**데카르트** 무엇으로 더 설명할 수 없는 초월적 세계라, 서양에서 그 영역은 '신의 영역'에 해당하는데요?

**장자** 그렇겠죠. 하지만 동양에서는 인간의 의식이 갖는 무한한 가능성을 신뢰했습니다. 비록 신의 영역이 있더라도 서양처럼 인격적이고 도저히 범접할 수 없는 신은 없었습니다. 오히려 인간의 인식이 무한히 확장될 수 있다고 봤습니다. 이런 배경에서 저와 데카르트님의 차이가 있겠네요.

**데카르트** 제가 살았던 당시엔 기독교적 세계관이 강했으니 할 말을 하지 못한 것도 있습니다. 무엇보다 저와 장자님은 인간이 가진 인식이나 지식을 확장하려 했다는 점에서 인간의 발전에 큰 역할을 했습니다.


새로운 생각은 새로운 해석을 낳고 새로운 해석은 새로운 세계를 만든다. 여기에서의 '세계'는 '인식의 세계'를 의미한다. 더 많은 걸 알고 더 많은 걸 깨달으면 시야가 넓어지면서 더 많은 걸 볼 수 있다. 인간의 문명 또한 그렇게 발전해왔다. 지식과 인식의 확장이 가져온 결과다.

장자는 자유로운 인식을 가진 사람이었다. 인식의 자유는 존재의 자유로 확장된다. 무엇에도 구애받지 않는 인간, 무한한 가능성을 지닌 인간을 발견하는 데에서 장자의 생각은 재발견될 수 있다.

# 홀가분하게 살아간다는 것

옛날 진인은 고고해 무리를 짓지 않고, 부족하더라도 다른 걸 받지 않았으며,
무리에 섞이지 않고 혼자 한가로이 지내면서도 고집스럽지 않았고,
기상이 광활하게 넓었지만 화려하지 않았다

古之眞人, 其狀義而不朋, 若不足而不承, 與乎其觚而不堅也, 張乎其虛而不華也

『장자』「대종사」

노자가 정치적이라면 장자는 지극히 개인적이다. 물론 노자가 정치인으로서의 욕망이 있다는 의미는 아니다. 두 사람 다 각자가 생각하는 가장 좋은 인생을 위한 방식을 제시했다.

노자는 군주가 '무위'라는 방식으로 정치를 해야 한다고 주장했다. 그것이 백성을 가장 잘살게 하는 방식이라고 여겼다. 장자는 정치와 거리를 둔 채 어디에도 얽매이지 않는 자유를 추구했다. 그는 세속에서 추구하는 욕망에서 벗어나 오로지 자기 자신의 모습으로 자기답게 살 것을 강조했다.

과거나 지금이나 인간의 욕망은 늘 인간의 중심에 서 있다. 인간의 욕망에도 좋은 욕망이 있고 나쁜 욕망이 있으나, 대체로 춘추전국시대에 살았던 제자백가들은 부정적으로 평가하고 있다. 당시에는 개인의 욕망을 실현할 수단도 없었고 욕망을 실현할 수단을 가진 사람들은 대체로 권력자에 한정되어 있었기 때문이다.

욕망과 집착을 통해 과욕을 부리고 자기 것을 지키고 상대의 것을 빼앗으려 혈안이 되어 있다 보니, 장자는 부와 명성, 욕망과 집착을 버리고 살아가길 바랐다.

남해의 신은 숙(儵)이고, 북해의 신은 홀(忽)이며, 중앙의 신은 혼돈(渾沌)이다. 숙과 홀은 수시로 혼돈의 땅에서 만나 어울려 놀았는데, 혼돈은 그들을 매우 잘 대접했다. 숙과 홀은 혼돈의 은혜에 보답할 방법을 의논했다.

"사람들은 모두 일곱 개의 구멍을 가지고서 보고 듣고 먹고 숨을 쉬지. 그런데 이 혼돈에게만 그런 게 없으니, 그에게 구멍을 뚫어주기로 하세."

그들은 하루에 한 개씩 구멍을 뚫어줬는데, 혼돈은 7일 만에 죽어버렸다.

-『장자』「응제왕」

장자의 상상력과 철학이 돋보이는 대목이다. 남해의 신 '숙'과 북해의 신 '홀'이 중앙의 신 '혼돈'에게 보답하는 마음으로 구멍을 뚫어주기로 했다. 하지만 혼돈에겐 구멍이 필요 없었다. 구멍이 없는 게 혼돈의 본질이고 정체성이다. 숙과 홀의 마음이 아무리 고귀하더라도 상대에게 필요하지 않으면 무의미할 뿐만 아니라 상대를 해칠 수도 있다.

권력자 역시 마찬가지다. 국민을 위한 일이더라도 진정 국민을 위한 일인지는 알 수 없다. 권력에 취해 있는 사람이 '누군가를 위한 마음으로' 자신의 권력을 이용할 거라고 믿을 수 있을까? 오히려 그걸 명분으로 자신의 사리사욕을 채울 수도 있다.

대다수 인간은 태어날 때부터 '국가'에 소속되어 있다. 그렇다 보니 '국가'의 존재를 자연스럽게 여기지만, 국가가 어떻게 존재하고 누구의 소유인지에 대해 생각해보면 국가가 날 위해 존재하는 게 아니라 권력자를 위해 존재한다고 볼 수도 있을 것이다.

인간의 역사에서 국가는 백성이라는 피지배자들이 아닌 부와 권력을 지닌 왕과 귀족에 의해 좌지우지되곤 했다. 장자는 권력자의 존재가 인간을 옥죄는 요인이라고 여겼다. 장자가 살던 당시 사람들에게 필요했던 건 권력자로부터의 독립이었다.

『장자』 곳곳에서 유가의 인위를 비판한 이유는 인, 예, 의와 같은 가치들이 제도화되었을 때 권력자가 인간의 자유를 빼앗고 권력의 노예로 만들 수 있다고 봤기 때문이다.

그래서 장자는 주도적이고 주체적으로 살아갈 수 있는 세상과 사람을 이상적으로 여겼다. 또한 그는 욕망에서 탈피한 사람만이 자연스러운 자기 모습을 깨닫고 모든 것에서 벗어나 홀가분하게 살아갈 수 있다고 주장했다. 장자에게 자연스러움은 자기다움을 의미한다.

요 임금이 허유에게 천하를 물려주려 하자 허유는 대답했다.

"자네가 임금의 자리에 올라가서 천하는 잘 다스려졌네. 그런데 내가 자네 자리를 대신한다면 나는 그저 이름이나 얻자는 꼴이 되겠지. 이름은 실질의 껍데기야. 나더러 껍데기가 되라는 건가? 뱁새가 깊은 숲에 둥지를 틀지만 그에게 필요한 나무는 가지 하나에 불과하고, 두더지가 강물을 마시지만 그에게 필요한 물은 배를 채우는 정도에 불과하다네. 임금이시여, 돌아가 쉬게나. 나에게 천하는 아무 쓸모가 없다네. 요리사가 주방 일을 잘못한다고 해서 제사장이 술통과 고기 접시를 넘어가 그를 대신할 수는 없는 법이지."

– 『장자』「소요유」

허유는 천자의 자리를 대신하라는 요 임금의 청을 무시하고 있다. 허유에게는 천자의 자리가 필요하지 않기 때문이다. 필요가 없는데 탐내야 할 이유가 무엇인가. 권력을 탐하지 않는 허유에게 천자의 자리는 껍데기에 불과하다. 세상에 껍데기를 가지려 하는 사람이 누구이고, 다 큰 어른에게 아이가 갖고 노는 장난감을 준들 무슨 소용이겠는가. 필요 없는 사람에게는 아무리 좋은 것도 아무런 의미를 지니지 않는다. 거추장스러울 뿐이다. 요 임금의 이야기를 듣고 난 허유가 귀를 씻었다는 전설도 있다.

요 임금과 허유의 우화는 알렉산드로스 대왕과 디오게네스의 일화를 연상시킨다. 대제국을 건설한 알렉산드로스 대왕이 철학자 디오게네스에게 찾아가 뭐가 필요하냐고 묻자, 디오게네스는 당신이 해를 가리고 있으니 옆으로 비켜달라고 말했다. 디오게네스에게 알렉산드로스 대왕은 그저 휴식을 방해하는 사람에 지나지 않았다. 엄청난 땅을 정복한 알렉산드로스는 큰 충격을 받았을 것이다. 누구나 세계 정복을 꿈꾸는 건 아니다.

장자는 "지인에게는 사심이 없고, 신인에게는 의존할 게 없으며, 성인에게는 명예가 없다"고 말했다. 지인, 신인, 성인은 모두 장자가 이상적으로 여기는 인간상이다. 허유와 디오게네스는 장자가 말하는 지인이자 신인이며 성인이다.

이들의 공통점은 대다수 사람이 바라는 걸 바라지 않는다는 데 있다. 그들이 원하는 건 자기 방식대로 살아가는 것이다. 장자는 돈과 명예, 권위와 권력과 같은 욕망들로부터 멀어지고 완전히 떨쳐버림으로써 자유를 얻을 수 있다고 봤다.

장자는 이를 '무대'라고 표현했다. '무대'란 기댈 것도 의존할 것도 없는 상태를 가리킨다. 반대로 '유대'는 뭔가 걸리적거리고 이러지도 저러지도 못하는 상태다. 보통 '홀가분하다'는 느낌을 받을 때 '무대' 상태라고 할 수 있다. 욕망이 없으니 마음에 걸리는 게 없고, 집착할 게 없으니 마음이 편해진다는 의미다. 이런 사람이야말로 자유롭기 그지없고, 자신의 삶에도 매우 만족한다.

장자는 권력자가 되어 세상을 지배하는 헛된 꿈을 꾸는 대신 오로지 자기 자신이 되어 살라고 역설한다. 그래서 그는 당시 유가가 인과 예에 따라 살라고 하는 걸 부정했다. 인과 예에 따르는 게 아무리 좋은 일이더라도 강요하는 것 자체가 문제고 강요하는 사람이 문제다.

백성에 대한 지배층의 최소한의 간섭과 완전한 불간섭을 이루기 위해 필요한 건 모두가 욕망을 내려놓고 소박한 마음으로 살아가는 일이었다. 장자는 이런 생각을 가리켜 '거닐며 논다'는 뜻의 '소요유'라고 표현했다.

**헨리 소로** 제가 추구하는 삶의 방식이 장자님과 매우 유사하다는 생각이 들었습니다. 저는 세속적인 욕망과 거리를 두고 늘 자연과 교감하는 소박하고 단순한 삶을 추구했거든요.

**장자** 제가 말하는 '소요유'에 딱 어울리는 삶이군요. '소요유'는 한가롭게 거닌다는 뜻을 담고 있습니다. 그렇다고 빈둥거리거나 뒹굴거리는 걸 의미하는 건 아니죠. 나를 얽매이는 게 내 욕망임을 깨닫고 세상 욕망에서 벗어나 자유로워지라는 의

도입니다. 욕망이 없으니 얼마나 자유로울까요.

**헨리 소로** 스물여덟 살 되던 해에 저는 '월든'이라는 호숫가의 숲으로 들어가 2년 2개월 동안 자급자족의 삶을 실험했습니다. 저는 평생 검소한 삶을 살았고 제 자신의 독립성을 위해 엄격한 원칙에 따라 살고자 노력해왔죠. 저의 삶은 이후 많은 이에게 영감을 줬고 현대의 대안적 삶에도 큰 영향을 끼쳤습니다. 그 결과를 『월든』과 『시민 불복종』이란 책으로 내놓았습니다.

**장자** 내 인생을 내 의도대로 살아보겠다는 생각에 감탄했습니다. 제가 바라던 이상적 삶의 실천자시군요. '소요유'를 얘기할 때 사람들은 편하게 놀고 먹고 마시는 것으로 여기곤 합니다. 하지만 소요유의 경지에 이르기 위해서는 엄격한 자기 수행과 자신의 힘으로 삶을 살아가겠다는 굳건한 의지가 필요해요.

**헨리 소로** 소요유의 경지에 이른다는 게 일상에서 정말 어려운 일이라는 데 동의합니다. 숲에서 사는 것도 쉽지 않은 일이고 거의 모든 사람이 대도시에 사는 현대 문명에서 타인의 도움 없이 홀로 살아간다는 건 어려운 일이니까요.

**장자** 저도 잘 알고 있습니다. 그렇지만 인간이 스스로의 힘으로 살아갈 수 있어야만 의미가 있다고 봅니다. 자신이 자신 인생의 주인이 아니라면 무슨 의미가 있을까요.

**헨리 소로** 그 점엔 저도 동의합니다. 저는 주체적인 삶이란 자신뿐

182                                                              —— 장자

아니라 타인 역시 주체적으로 살아갈 수 있게 하는 거라고 생각합니다. 그런 점에서 수천 년 동안 많은 이에게 영감을 준 장자님에게 깊은 경의를 표합니다.

**장자** 20세기 간디의 비폭력 저항 운동과 흑인 인권 운동에 큰 영향을 준 소로님도 정말 훌륭하십니다.


## ― 심재와 좌망, 비움의 철학

노자가 '부정의 철학'이라면 장자는 '비움의 철학'이라고 할 수 있다. 그는 자주 '비움'에 관해 말했다. '욕망의 비움' '인식의 비움' '자아의 비움'. 장자는 지나친 욕망이 인간을 망친다고 봤다. 편견도 인간을 망친다고 봤다. 자아 또한 인간을 망친다고 봤다.

그래서 장자는 비우라고 말한다. 그는 인간 스스로 채우려고 하는 모든 대상을 내려놓을 때 참된 자기를 발견할 수 있다고 믿었다. 『장자』 곳곳에서 '비움'을 강조하는 이유도 여기에 있다.

"배를 타고 강을 건널 때 빈 배가 와서 이쪽 배에 부딪힌다면 비록 속이 좁은 사람일지라도 화내지 않습니다. 그런데 그 배 안에 사람이 타고 있다면 배를 비키라고 하거나 끌어당기라고 소리칠 것입니다. 한 번 소리쳐도 듣지 않고, 다시 소리쳐도 듣지 않으면, 세 번째 소리칠 때는 분명히 험악한 소리가 뒤따르기 마련입니다. 아까의 예에서는 빈 배였지만 지금의 예에서는 사람이 타고 있기 때문입니다. 사람도 자기를 비우고 세상에서 노닌다면 누가 그를 해칠 수 있겠습니까."

-『장자』「산목」

'빈 배'의 비유는 화낼 '대상'이 없기 때문에 화를 내지 않는 상황을 보여주고 있다. 배를 타고 가다가 다른 배와 부딪혔는데 사람이 타고 있지 않다면 화를 낼 수 없다. 짜증이 나니 본인 스스로 화풀이는 할 수 있겠지만 말이다. 반면 배에 누군가가 타고 있으면 배가 부딪힌 순간 그에게 소리치며 화를 낼 것이다. 때론 자신이 잘못하고서도 상대에게 덤터기를 씌우기도 한다. 분을 이기지 못하기 때문이다.

그런데 부딪히더라도 화를 내지 않을 때가 있다. 사건이 일어나리라 미리 알았거나 일어날 거라 예상했거나 즐거운 일이 생겨 마음이 한없이 너그러워지거나 언제나 평화로운 마음을 간직할 때다.

사건이 일어나리라 미리 알았거나 일어날 거라 예상하는 건 불가능에 가깝다. 그렇다면 사건이 일어난 다음이 중요하다. 수양의 최고 단계는 화가 나는 상황에서도 화를 다스려 문제가 없는 상황을 만들고 화를 내지 않아도 일이 해결될 수 있다는 걸 알아 화를 내지 않고 잘 대처하는 마음의 상태다.

── 장자

장자는 되묻는다. "사람도 자기를 비우고 세상에서 노닌다면 누가 그를 해칠 수 있겠습니까." '빈 배'의 비유는 '비움'을 의미한다. 대체 무엇을 비운단 말인가? 바로 '욕망'과 '자아'다. 그럼 반문할지 모른다. 욕망은 비울 수 있지만 자아를 비운다고? 나를 어떻게 비워? 자아를 비운다는 말은 생각, 믿음, 주장, 감정, 종교, 취향에 이르는 내가 '나'라고 생각하는 것들을 내려놓는 일을 의미한다. '나'는 누군가 되어야 할 이유도 어떤 존재일 필요도 없기 때문이다. 물론 말처럼 쉬운 일은 아니다.

살다 보면 갈등을 겪는다. 인간의 삶 자체가 갈등의 연속인지도 모른다. 누군가가 괜히 싫을 때가 있는데 '나'와 달라서다. 비슷한 생각을 하거나 비슷한 감정을 가진 사람끼리는 잘 통하므로 갈등을 겪을 일이 덜하다. 나의 생각과 감정, 즉 '나'라는 자아가 닮은 사람과 그렇지 않은 사람의 자아가 다르다는 데서 갈등이 시작된다.

무엇보다 사람들은 대체로 나와 다름을 인정하기보다 자기중심에 서서 생각하려는 경향이 크다. 하지만 자기중심에서 조금만 벗어나면 타인과의 갈등이 무의미한 걸 깨닫곤 한다.


안회가 물었다.
"심재란 무엇입니까?"
중니가 대답했다.

"네 마음을 통일해서 귀로 듣지 말고 마음으로 들어라. 그리고 가능한 한 마음으로 듣지 말고 기를 통해 들어라. 귀는 소리를 들을 뿐이며 마음은 정해진 틀에 맞는 것만 받아들일 뿐이지만, 기는 텅 비어서 모든 대상에 대응할 수 있다. 이 텅 빈 곳에는 오직 도만 남게 되는데, 마음을 텅 비게 만드는 게 심재다."

안회가 말했다.

"제가 선생님의 가르침을 받기 전에는 실제로 제 자신이 존재하는 것으로 알았습니다. 그런데 가르침을 받고 나니 저라는 존재는 아예 없어져버렸습니다. 이런 걸 비움이라고 할 수 있을지요?"

선생이 말했다.

"충분하다. 내 너에게 설명을 해주겠다. 너는 위나라의 울타리 안에서 노닐되 명성 따위에 신경 써서는 안 될 것이다. 위나라 임금이 네 말을 들어주거든 말을 하고, 네 말이 통하지 않거든 말을 그만둬라. 무엇이 병폐인지 진단도 하지 말고, 어떻게 고쳐야 할지 처방도 하지 말라. 그저 마음을 한결같이 하고 부득이한 때에만 말하면 괜찮을 것이다."

— 『장자』 「인간세」


'심재'란 마음을 비우거나 굶긴다는 뜻이다. 안회와 중니(공자의 이름)는 마음을 비우고 텅 빈 기로 모든 것에 대응하라고 말한다. 참 어렵다. '텅 빈 기로 모든 것에 대응'한다는 말은 '무심해진다'라는 말과 같다.

보통 사람은 마음에 맞는 일이 생기면 기쁘고 즐겁지만 마음에 맞지 않는 일이 생기면 슬프고 괴롭다. '마음에 맞는다'라는 말은 '마음에 맞지 않는다'라는 말로도 이해할 수 있다. 사람마다 생긴 모습이 다른 마음은 레고나 퍼즐처럼 어떤 형태를 갖고 있기에 맞거나 맞지 않는 일이 발생한다.

마음이 공기나 물처럼 형태가 없거나 아예 존재하지 않는다면 어떨까. 마음이 가벼워지는 걸 넘어 마음을 비운다면 어떨까. 마음에 들 것도 마음에 들지 않을 것도 없을 것이다. 기대할 게 없으니 실망할 것도 없고 바랄 게 없으니 부담될 것도 없다. 곧 마음을 텅 비우는 일이다.

자신의 존재가 없어졌다는 안회의 말은 투명 인간이 되었다거나 내가 사라졌다는 의미가 아니다. 마음도 생각도 감정도 사라지니 마음의 대상도 생각의 대상도 감정의 대상도 사라졌다는 의미다. '이런 나'가 없으니 이런 나에 맞는 무엇(대상)이 없다 해도 개의치 않는다.

안회가 말했다.
"제게 진전이 있었습니다."
공자가 물었다.
"무슨 말이냐?"

"저는 인의를 잊었습니다."

"좋다. 그러나 아직 부족하다."

다음에 다시 만나 말했다.

"제게 진전이 있었습니다."

"무슨 말이냐?"

"저는 예악을 잊었습니다."

"좋다. 그러나 아직 부족하다."

다음에 다시 만나 말했다.

"제게 진전이 있었습니다."

"무슨 말이냐?"

"저는 좌망할 수 있습니다."

중니가 깜짝 놀라서 물었다.

"좌망이라는 게 무엇이냐?"

안회가 설명했다.

"몸의 감각을 물리치고 마음의 지각을 없애버립니다. 몸의 지각에서 떠나고 마음의 지각에서 멀어지면 대도와 하나가 됩니다. 이를 좌망이라고 합니다."

중니가 말했다.

"대도와 하나가 되면 편애가 없고, 그와 함께 변화하면 집착이 없어질 것이다. 너는 정말 총명하구나. 나도 너의 뒤를 따르겠다."

- 『장자』 「대종사」

—— 장자

안회와 공자가 다시 주인공으로 등장한다. 좌망이란 편안히 앉아 쳐다보는 걸 말한다. 높은 산에 올라 산 아래 세상을 바라보는 상태에 가깝다. 방금 전만 해도 산 아래 세상에서 올라왔지만 막상 산 정상에 서면 산 아래 세상과는 아무런 상관이 없는 것처럼 느껴질 때가 있다.

몸의 감각이나 마음의 지각 역시 마찬가지다. 내가 나로부터 떨어져 나 자신을 관망하듯 바라보면 어떨까. '나'에 대한 편애와 집착이 사라질 것이다.

**석가모니** '비움' 하면 저를 따라올 사람이 없습니다. 저는 모든 걸 '공'이라고 봤죠. 세상 모든 건 인연입니다. 만나고 헤어지고 모이고 흩어지죠. '실체'라고 할 수 있는 게 없다는 의미입니다. 그러니 뭔가에 집착할 것도, 집착할 수 있는 뭔가도 없습니다. 부질없다 또는 덧없다고 표현하기도 하죠. 인간의 자아라고 해서 다를 게 있을까요. 내가 생각하는 '나'와 진실한 '나' 사이에는 차이가 있을 수 있죠. 대다수 사람은 자신이 원하는 대로 살아가고자 해서 고통이 뒤따르기 마련입니다. 원하는 대로 사는 게 진실이 아니고 원하는 대로만 살 수 있는 것도 아닙니다. 그런데도 인간은 뭔가를 할 수 있다고 여기고 뭔가를 잡을 수 있다고 여기니 어리석기 짝이 없습니다.

**장자** 그렇습니다. 인간에겐 '자기 객관화'가 필요하죠. 자신이 어떤 사람인지 아는 일이기도 하지만 자신의 기준이 절대적이지 않다는 걸 깨닫는 일이기도 합니다. 인간에겐 '마음'이라고 부르는 생각과 감정과 욕망이 있습니다. 인간은 대체로 자신의 마음에 따라 살아가는데, 생각과 감정과 욕망이 한결같지 않습니다. 인간에게 수양이 필요한 이유는 자기 마음을 다스려 스스로 관리할 수 있기 위해서죠.

**석가모니**　좋은 말씀입니다. 인간의 일이 마음대로만 이뤄지는 건 아니지요. 그래서 일희일비해서는 안 되지만 자기 뜻대로 되던가요. 지나치게 기쁘면 마음이 붕 뜨고 지나치게 슬프면 마음이 푹 가라앉기 마련입니다. 그것이 모든 고통의 근원이라고 봅니다. 그래서 마음을 비워야 하는 거겠죠. 인간은 늘 내가 왜 이런 생각을 하는지, 내 생각에 문제는 없는지 점검하고 반성해야 한다고 봅니다. 그런 점에서 장자님의 수행 방식인 심재와 좌망이 매우 인상 깊습니다.

**장자**　자신의 생각과 감정과 욕망에 지나치게 휘둘리지 않기 위해서는 강 건너 불구경하듯 자신을 바라볼 줄 알아야 합니다. 내 몸의 감각이나 마음의 지각을 타인의 것인 양 바라볼 수 있다면 그것에 얽매이지 않을 수 있겠죠. '나'에 대한 편애와 집착이 사라진 자유로운 상태야말로 제가 생각하는 이상적인 마음의 상태입니다.

**석가모니**　보통 사람의 마음은 맞는 일이 생기면 기쁘고 즐겁지만

—— 장자

맞지 않는 일이 생기면 슬프고 괴롭지 않습니까? 마음에 드는 사람과 있을 때와 마음에 들지 않은 사람과 있을 때도 차이가 확연히 드러나지요. 게임을 할 때는 마음이 한없이 가벼워지지만 공부를 할 때는 마음이 한없이 무거워지는 것도 마찬가지입니다.

**장자** '나를 잃은 경지'에 이를 수 있어야 합니다. '나를 잃었다'는 건 스스로 '나'를 통제하고 제어할 수 있다는 의미이기도 하죠. '자제력'이라는 말로도 이해할 수 있겠어요. 자제력이 있는 사람이라면 자신에게도 타인에게도 쉽게 휘둘리지 않을 수 있으니까요. 그것이 곧 '비움'입니다.

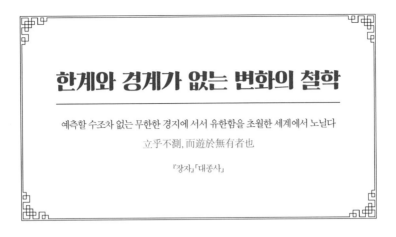

# 한계와 경계가 없는 변화의 철학

예측할 수조차 없는 무한한 경지에 서서 유한함을 초월한 세계에서 노닐다

立乎不測, 而遊於無有者也

『장자』「대종사」

장자는 판타지 소설을 쓰는 사람처럼 시간과 공간과 존재를 초월하는 이야기를 거침없이 쏟아냈다. 보통 사람은 한계와 경계 속에서 사고하지만 그에겐 한계와 경계가 없다. 흑백논리를 벗어나고 이것과 저것의 한계를 벗어나며 이것과 저것의 경계를 벗어나기도 한다. 커다란 변화 위에 서면 내가 당신이 될 수 있고 당신이 내가 될 수 있으며 저것이 내가 될 수도 있고 내가 저것이 될 수도 있다. 이런 장자의 철학을 '변화의 철학'이라고 부를 수 있다.

———— 장자

북쪽의 컴컴한 바다에는 곤이라고 부르는 물고기가 있는데, 그 크기가 몇천 리인지 알 수 없다. 이것이 변해 새가 되는데, 붕이라고 부른다. 그 등의 길이만도 몇천 리인지 알 수 없다. 붕이 힘껏 날면 날개가 마치 하늘에 떠 있는 구름과 같다. 바다가 요동칠 때 붕은 컴컴한 남쪽 바다로 옮겨간다. 이 바다는 곧 하늘의 연못이다.

이상한 이야기들을 기록한 책 『제혜』에 이런 말이 있다.

"붕이 남쪽의 컴컴한 바다로 옮겨갈 때 물보라가 3천 리 밖까지 솟구친다. 그 새는 회오리바람을 타고 9만 리 상공까지 올라가고, 6개월 만에 한 번 쉰다."

— 『장자』 「소요유」


곤이라는 물고기가 변해 붕이 되면 몇천 리를 날아 하늘의 연못으로 간다는 이 이야기는 황당하기 그지없다. 물고기가 붕이라는 새로 변한다는 것도, 붕의 크기가 하늘을 가릴 만하다는 것도 믿기지 않는다.

인간의 성장을 표현하는 은유로 해석해볼 수 있다. 보통 사람이 다가갈 수 없는 성취를 이룬 위인들을 보면 성취를 이루기 전과 이룬 후의 모습이 완전히 다르다. 인식의 지평이 넓어진 정신적 성장이나 수년간의 운동으로 얻은 신체적 성장을 거치며 새로운 모습으로 탈바꿈했기 때문이다.

'탈바꿈'이란 단순한 성장이 아닌 존재론적 변화다. 장자에게 이런 변화는 가상에 머물지 않는 실제적인 힘을 갖는다. 우주 전체로 확대하더라도 마찬가지다. 사물 하나하나의 변화, 존재와 존재를 넘어서는 모든 변화를 다 아우르면 모든 게 변화의 순간과 변화의 과정 속에 놓인다. 끊임없이 변화하면서 존재하고 우주라는 커다란 존재가 변화하는 과정 속에 우주의 부분이 변화해가는 순간들의 지속이라고 볼 수 있다.

삶과 죽음의 문제도 마찬가지다. 한국에서 누군가 죽으면 '돌아가셨다'라고 말한다. 어디로 돌아간 걸까? 제자리로 돌아간 것이다. 제자리란 어디인가? '땅'이고 '하늘'이다. 하늘과 땅은 단지 물질적인 흙과 공기가 아니라 모든 존재의 근원을 의미한다.

죽음은 본래 자리로 돌아간 걸 뜻하고, 본래 자리로 돌아갔으므로 사라진 게 아니라 처음의 형태로 변화했다고 이해할 수 있다. 결합되어 있던 정신과 육체가, 혼과 백이 흩어지는 현상이 곧 죽음이다.

장자 아내의 장례식에 혜자가 조문을 갔다. 그때 장자는 두 다리를 뻗고 앉아 대야를 두드리며 노래를 부르고 있었다. 그 모습을 본 혜자가 말했다.

"평생을 함께하며 자식을 키우다 늙은 아내가 죽었네. 곡을 하지 않는 것도 비난받을 일인데, 어찌 대야를 두드리며 노래까지 부르는 겐가? 자네, 너무 심하지 않은가."

──── 장자

장자가 대답했다.

"그럴 리 있겠는가. 그 사람이 죽었을 때 나라고 해서 슬프지 않았 겠는가. 그런데 죽은 그 사람의 근원을 가만히 살펴보니 본래 생명 이 없었던 거야. 생명이 없었을 뿐 아니라 형체 역시 없었어. 형체 만 없었을까. 본래 기마저 없었지. 까마득하고 어렴풋한 것들에 뭔 가 섞여 있다 변해 기를 갖게 되었던 게지. 그 기가 변해 형체를 가 졌고 그 형체가 변해 생명을 갖게 된 거야. 그리고 또 변해 죽음에 이른 거고. 기가 어우러져 봄, 여름, 가을, 겨울의 네 계절이 운행하 는 것과 같다네. 아내는 천지라는 거대한 방에 편안히 누워 있는 데, 내가 꺼이꺼이 울며 곡을 한다면 이런 필연적인 이치를 모르는 행동이 아니겠는가. 그래서 울음을 그쳤다네."

－『장자』「지북유」

누군가가 아내의 장례식에서 노래를 부르면 어떨까. 그 모습 을 목격한 사람이라면 누구나 '미친놈'이라는 말이 먼저 나올 것 이다. 상식적으로 이해가 가지 않는 상황이다. 하지만 장자의 말 을 듣다 보면 꼭 틀린 말이라고 볼 수 없다.

한 인간이 태어나 죽는 걸 물리적으로 설명한다면, 정자와 난 자의 결합으로 생명이 발생해 세포가 분화되고 영양분을 섭취하 다가 어느 날 유전자가 가진 시스템에 의해 죽음을 맞이하는 과 정으로 이해할 수 있다. 장자가 말한 형체나 기의 이야기는 이런 맥락에서 접근해볼 수 있다.

예를 들어보자. 피어 있는 꽃은 언젠가 시들 거라는 변화를 내포하고 있고, 어린 나무는 언젠가 거대한 나무로 성장할 거라는 변화를 내포하고 있다. 살아 있는 동물은 언젠가 죽어 썩으면 흙으로 돌아간다.

생명이 무생물이 되고 무생물이 생명이 되는 변화의 가능성이 내포되어 있는 게 우주의 법칙이다. 그래서 삶과 죽음의 경계도 없다. 삶이 곧 죽음이고 죽음이 곧 삶이다. 장자는 이런 관점에서 삶과 죽음을 바라봤기에 아내의 장례식에서 노래를 부를 수 있었다.

모든 게 변화한다면, 그리고 변하지 않는 게 없다면, 이 세상을 달리 볼 필요가 있다. 10대의 나와 20대의 내가 다르듯 그리고 30대의 나와 40대의 내가 다르듯, 사람은 나이가 들어가며 변할 수 있다.

'나'는 같은 사람일지 몰라도 '과거의 나'와 '현재의 나'는 전혀 다른 사람이다. 이런 논리에 따르면 '살아 있을 때의 나'와 '죽었을 때의 나'는 전혀 다른 사람이다. 죽어서 슬픈 일이긴 하지만 '변화'의 관점에서 바라보면 존재의 상태가 달라졌을 뿐이라고 표현할 수도 있다.

**공자** 이 어찌 해괴망측한 일입니까, 장자님! 사람이 죽었는데 슬퍼하지 않다니요. 게다가 당신과 평생을 함께한 아내의 장례

——— 장자

를 치르면서 노래를 부르다니요. 죽은 자를 신중히 모시고 먼 조상까지 추모하면 백성의 덕이 두터워진다는 걸 정령 모른단 말입니까. 당신은 지금 큰 잘못을 저지르고 있습니다.

**장자** 어찌 슬프지 않겠습니까. 하지만 슬퍼한다고 죽은 사람이 돌아오는 것도 아니고, 자연의 이치에 따라 나고 가는 것인데 슬픔에 파묻혀 있을 수만은 없지 않겠습니까. 자연 속에서 삶과 죽음은 서로 다른 일이 아닙니다.

**공자** 자연의 이치가 그렇더라도 인간의 이치는 다를 수 있습니다. 우주 속의 티끌 같은 일일지라도 한 인간에게 다른 인간의 죽음은 매우 중요하고 큰 충격을 안기는 일입니다. 인간의 보편적 정서를 너무 가벼이 여기는 게 아닌지요.

**장자** 공자님의 우려는 알고 있습니다. 인간은 감정을 지닌 동물이기에 가까운 사람의 죽음을 슬퍼하기 마련이지요. 제 아내에게 제가 표하는 예의입니다. 내 아내가 좋다면야 다른 사람의 생각이 무슨 상관일까요. 노자님께서도 '예'라고 대답하는 것이나 '응'이라고 대답하는 것이나 차이가 없다고 보셨습니다. 부모와 자식 간에 반말을 한다 한들 그게 흉볼 일은 아니지 않습니까.

**공자** 나는 상을 당한 사람 곁에서 식사를 할 때 배부르게 먹은 적이 없어요. 곡을 한 날엔 노래를 부르지도 않았고요. 그게 예이고, 예를 지켜가는 게 인간이 할 일입니다.

**장자**  우주라는 무한한 공간에서, 인간의 영역 밖에서 인간의 삶을 바라본다고 가정해보세요. '장자의 아내가 죽었다'라는 사실에서 어떤 의미를 찾을 수 있을까요. 그저 한 생명체가 심장이 멎어 생명이 사라진 사건은 우주적 차원에서는 티끌의 티끌의 티끌이 사라진 것에 불과합니다.

'모든 것은 변화한다'라는 명제는 동양철학의 기본적인 대전제이기도 하다. 동양철학은 모든 존재를 변화의 한 양상으로 파악한다. 영원한 건 없다. 삶의 태도 역시 이런 변화에 따른다. 영원한 건 없으니 집착할 것도 없고 집착할 게 없으니 마음이 자유롭다는 논리로 귀결된다. 허무한 느낌이지만 삶이 그렇기도 하다. 마음 조리고 애써 살았다 해도 결론은 전혀 다르게 나타나기도 하니까 말이다.

## ― 장자와 나비, 나비와 장자

언젠가 장자는 꿈에 나비가 되었다. 장자는 매우 즐겁게 제 마음대로 날아다녔기 때문에 자신이 장자인 줄도 몰랐다. 그러다 갑작스레 깨어나 보니 틀림없는 장자였다. 장자는 자신이 꿈에서 나비가 되었던 것인지, 나비가 꿈에서 장자가 된 것인지 알 수 없었다. 장

198 ―― 장자

자와 나비는 분명히 구분할 수 있으나 결코 절대적일 수는 없다. 이를 '물화(物化)'라고 한다.

−『장자』「제물론」

'물화'는 사물의 변화를 가리키는 말이다. 비록 꿈이더라도 장자가 나비가 되고 나비가 장자가 될 수 있다. 그런데 장자에게는 그저 꿈이 아니다. 장자의 꿈속에 나비가 된 장자가 나타난 것인지, 나비의 꿈속에 장자가 된 나비가 나타난 것인지 알 수 없다.

'임사체험'에서 자주 등장하는 사물이 바로 '나비'다. 고대 유물이나 유적에서도 '나비'가 발견되곤 하는데, 임사체험에 근거한 것일 수 있다는 학설이 있다. 장자는 누군가의 임사체험을 들었거나 직접 임사체험을 했을 수도 있다. 물론 가정이다. 도가 똥이 되고 똥이 도가 되듯 모든 걸 '변화'로 바라본다면, 인간이 부여하는 가치나 의미도 얼마든지 달라질 수 있다. 물론 모든 게 의미 없다는 허무주의로 해석하는 건 지양해야겠다.

장자에게 물화는 존재와 존재 사이의 한계를 뛰어넘는 일이다. 장자는 물화에 따른 존재의 변화를 '제물'이라고 표현했는데, '제물'이란 사물과 사물 사이의 경계를 허물거나 사물과 사물 간의 차이가 사라진다는 뜻으로 이해할 수 있다.

현대 물리학을 보면, 서로 다른 차원에서 장자가 나비의 형태로 살아갈 수 있고 나비가 장자의 형태로 살아갈 수 있다. 한 사물이 가진 경계가 허물어지면 다른 존재로의 변화가 일어나고, 사물 간의 차이가 사라지면 사물에 매기는 가치 또한 사라질 것이다. 일반적인 시각에서는 사물의 변화를 고려하지 않고 눈에 보이는 대로 바라보고 사물 간의 차이에 주목해 사물을 인식하는 경우가 많다. 그렇지만 다른 차원에서 바라보면 눈에 보이는 형태와 색감, 가치 또한 달라질 수 있다.

인도 사상의 핵심인 '윤회'를 떠올려 보자. 윤회란 존재가 가진 업(카르마)에 따라 생사가 끝없이 이어지는 현상을 가리킨다. 한 존재가 시간과 공간을 달리해 거듭 태어나는 걸 가리키기도 하고, 어떤 존재가 다른 시간과 공간에서 전혀 다른 모습으로 태어나는 걸 의미하기도 한다.

서로 다른 시간과 공간에서 나비와 장자는 분명 다른 존재다. 하지만 하나의 존재가 다른 시간과 공간에서 한 번은 나비로, 한 번은 장자라는 존재로 윤회한다면 장자와 나비가 정말 다른 존재라고 볼 수 있을까?

장자는 또 다른 곳에서 이와 유사한 이야기를 한다.


꿈에서 술을 마시다가 아침에 일어나 곡을 하는 경우도 있고, 꿈에서 곡을 하다가 아침에 사냥을 하게 되는 경우도 있다. 그러나 꿈을 꾸고 있을 당시에는 그게 꿈인 줄을 모른다. 꿈 가운데에서 또 꿈을 꾸기도 하지만 꿈에서 깨어난 뒤에 꿈인 줄 안다. 마찬가지로 큰 꿈

——— 장자

에서 깨고 난 뒤라야 큰 꿈이었다는 걸 알 수 있다. 인생도 알고 보면 하나의 꿈이다. 그런데도 어리석은 자들은 스스로 깨어 있다고 생각하고 진실한 세계를 안다고 생각해 현실 속에서 임금이나 장관이 되려고 애쓰니 참으로 딱한 노릇이다. 나와 너는 지금 꿈을 꾸고 있는 것이다. 내가 너에게 꿈을 꾸고 있다고 말하고 있는 이 사실도 꿈이다.

— 『장자』「제물론」

모든 게 꿈이라고 보는 장자의 생각은 불교의 사상과 비슷한 측면이 많다. 진실과 거짓, 현실과 가상으로 나눠, 무엇이 진실이고 거짓인지 무엇이 현실이고 가상인지 살펴보는 일은 과거에 매우 중요했던 철학적 반성이다.

현실을 직시하고 진리를 추구하는 길만이 인간이 가질 수 있는 가장 높은 인식의 차원이었기 때문이다.

장자가 꿈에서 나비를 본 것도 나비가 꿈에서 장자를 본 것도 모든 게 꿈이라는 말이나 모든 게 인연에 의한 결합이라는 말도, 모든 게 고정불변하지 않고 끊임없는 변화의 상태에 놓여 있다는 말을 시사한다. 장자는 이를 직시해야 한다고 말한다.

꿈꾸는 사람은 꿈을 꾸는 동안은 자신이 꿈을 꾸는지 모른다. 꿈속에서는 꿈속 세상이 전부다. 꿈에서 깨어 나서야 꿈인 줄 안다. 장자는 인생 자체가 하나의 꿈일 수 있다고 말한다. 얼마나 획기적인 발상인가.

이 꿈이 천 년, 만 년 간다고 가정해보자. 이 꿈은 '꿈'일까 '현실'일까? 이 정도의 긴 시간이라면 꿈이라고 할 수 없을 것이다. 꿈 자체가 현실이 될 수 있다. 반대로 꿈에서 깨어나 살아가는 시간이 1년에 그친다면, 그래서 꿈보다 현실이 훨씬 더 짧다면 어떻게 받아들여야 할까?

**장 보드리야르**  현대 사회는 이미지의 시대입니다. 하루에도 어마어마한 양의 이미지가 생산되고 있습니다. 이미지가 반복되고 재현되며 다시 그 이미지를 모방하고 재현하고 반복하는 일이 끊임없이 일어나고 있죠. '이미지'란 '원본의 그림자'에 불과하지만 현대 사회에서는 이미지 자체가 실체이자 현실이 되고 있어요.

**장자**  꿈에서 내가 나비인 것마냥 나비가 나인 것마냥, 그런 느낌과 비슷하겠군요. '나비'는 '나'의 이미지이고 나의 그림자이지만, 내가 나비의 이미지이고 그림자일 수도 있습니다. 때론 나비가 실체이고 저는 그림자가 될 때가 있고 제가 실체이면 나비는 그림자가 되는 것이죠.

**장 보드리야르**  역시 장자님이십니다. 나비는 그대로 나비이고 이미지인 나비 역시 그대로 나비일 수도 있겠죠. 이미지인 나비와 실체인 나비 둘 다 의미를 가질 수 있으니까요. 나 역시 마찬가지입니다. 실체인 나와 이미지인 나는 각각의 영향력을 가질 수 있어요. 미키마우스와 이미지로 나타난 미키마우스가 각각 의미를 가지는 것처럼 말이죠. 만화 캐릭터인 미키마우스는 없는 존재이나 사람들에 의해 탄생했고 미디어를 통해 드러나는 미키마우스를 보며 사람들은 즐거워하죠.

**장자** 현대 사회는 이미지를 소비하고 있군요. SNS 같은 걸 떠올리면 되겠어요. 실제로 살아가는 '나'와 SNS에서 드러나는 '나'는 같은 '나'이지만 서로 다른 정체성을 갖고 있죠. '가면' 또는 '인격'이라는 의미에서 '페르소나'라고 부른다더군요.

**장 보드리야르** 그렇습니다. 사람들은 수많은 SNS 계정을 갖고 온라인 속에서 수많은 정체성으로 살아갑니다. 인터넷이 발전하면 발전할수록 더욱 강력하게 드러나죠. 온라인 속에서의 수많은 정체성을 '멀티 페르소나'라고 부르기도 한답니다.

**장자** 내가 꿈속에서 그리고 꿈을 통해 드러내던 갖가지 상상이 현실에서 구현되다니, 놀라울 따름이네요.

**장 보드리야르** 장자님의 무한한 상상력과 깊은 사색은 시공간을 가로지르는 힘이 있죠. 시공간을 뛰어넘고 경계를 넘나드는 생각이야말로 현대 사회에서 필요한 요소일 것입니다.

한계와 경계를 넘나드는 장자의 사고는 제4차 산업혁명에 접어든 현대 사회와 잘 어울리는 방식이기도 하다. 제4차 산업혁명

시대엔 가상현실과 증강현실이 전혀 다른 차원의 존재와 현상을 보여주고 있기 때문이다.

과거에는 가상이 거짓이거나 불완전한 개념으로 이해되었지만 현대 사회에서 가상의 세계가 인간에게 긍정적이고 실재적인 영향력을 끼칠 수 있다. 곤이 붕이 되고 붕이 하늘로 날아가고 나비가 장자가 되는, 자유자재로 변화하고 생성하는 모습은 은유와 비유가 아닌 그 자체로 현실이 될 날이 머지않았다.

과학 기술의 혁명은 인간에게 새로운 차원과 새로운 존재로 변화할 수 있는 무한한 가능성을 안겨주고 있다. 인공지능과 기계의 발전으로 인간이 갖는 의미와 가치, 정체성에 큰 변화를 맞고 있는 한편, 우주 개척과 같이 전혀 다른 세계로의 물리적 이동이 가져올 변화도 새로운 미래를 선사할 것으로 보인다. 한편, 의학 발전으로 가까운 미래에는 삶과 죽음 또한 지금과는 전혀 다른 문제로 자리 잡을 것이고 사랑이나 출산 같은 문제들도 전혀 다른 방식으로 이해될 수 있다.

물론 부작용에 대해서도 살펴야 한다. 인공지능이 인간인지 인간이 인공지능인지 인간이 기계인지 기계가 인간인지 구분이 사라질 시대에 인간의 존재 의미가 퇴색되지 않을 유일한 방법은 시대에 대한 통찰과 반성이다. 인간과 기계의 경계가 사라지고 인간과 동물의 경계도 사라지는 현실이 인간성의 상실이나 인간성을 외면하는 결과를 낳을 수 있기 때문이다.

장자가 꿈꿨던 열린 생각과 무한한 상상의 세계는 인간을 가두는 현실적 조건들에서 벗어나 더 나은 세계로의 확장과 초월을 의미하는 것이지, 결코 인간을 옥죄거나 인간의 욕망을 무한정 추구하는 방식이 아님을 기억해야 한다.

# 6장

# 조금 더 나은 인간으로 거듭나기

## _순자

순자는 기원전 300년경 조나라에서 태어나 50세에 제나라로 갔는데, 당시 수많은 학자가 모여 있던 '직하학파'에서 두각을 나타냈다. 높은 벼슬에도 올랐지만 뜻을 펼치지 못하고 초나라에서 제자들을 가르치며 여생을 보냈다. 인간 본성의 악한 측면을 강조한 '성악설'과 함께 '예'를 정치의 근본으로 삼아야 한다고 주장했다. 순자의 생각은 법가로 이어져 재해석되었다. 『순자』는 그의 언행과 생각을 모은 책이다.

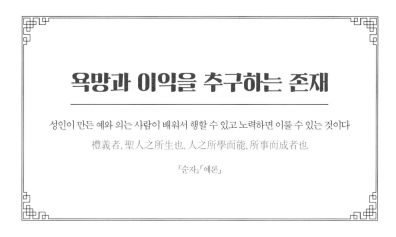

# 욕망과 이익을 추구하는 존재

성인이 만든 예와 의는 사람이 배워서 행할 수 있고 노력하면 이룰 수 있는 것이다

禮義者, 聖人之所生也, 人之所學而能, 所事而成者也

『순자』「예론」

일상에서 한 사람에 대한 판단 기준을 '선악'으로 삼는 경우는 드물다. 아주 나쁜 짓만 하지 않으면, 교양이 너무 없지 않으면, 너무 영악하지 않으면, 대체로 괜찮은 사람 정도로 평가한다.

흉악범죄가 발생하는 경우에나 인간의 선악에 관심을 가질 뿐이다. 신문 지면에 등장하는 범죄는 어쩌다 발생하는 것이고, 본인과는 무관한 일이며, 그 일을 해결할 사람이 따로 존재하기에 신경 써야 할 일이 아니라고 여기며 살아간다.

이런 점에서 철학자는 쓸데없는 고민을 하며 살아가는 사람이기도 하다. 인간이란 존재는 왜 선한 생각이나 행위를 하거나 악한 생각이나 행위를 하는지 궁금하다. 한편으로 왜 선한 행위를 해야 하고 왜 악한 행위를 하지 말아야 하는지도 궁금하다. 앞엣것은 인간이라는 존재에 대한 궁금증이고 뒤엣것은 인간과 도덕의 관계에 대한 고민이다.

1961년 어느 날이었다. 제2차 세계대전 당시 유대인 수백만 명의 학살을 진두지휘한 아이히만의 재판이 있었다. 이스라엘 특수부대는 신분을 속여 남미로 도주한 아이히만을 15년 만에 잡아 재판에 회부했는데, 그의 발언이 세상을 놀라게 했다.

자신은 그저 평범한 사람에 불과하고 상부의 지시에 따랐을 뿐이니 무죄라는 주장이었다. 황당한 발언일 수 있으나 상부의 지시를 그대로 따르기만 한 사람이라면 가능한 답변일 수도 있겠다 싶다.

이 재판을 지켜본 예일대의 밀그램 교수는 인간이 권위자의 지시에 얼마나 쉽게 복종하는가에 관한 실험을 진행했다. 그는 실험에 참여한 사람들을 교사와 학생으로 나눴다. 학생 역할을 담당하는 피실험자에겐 가짜 전기 충격 장치를 달았고, 교사 역할을 한 피실험자에겐 이를 숨긴 채 학생이 암기를 제대로 하지 못할 때마다 전기 충격을 가하게 했다.

0.1%만이 450볼트까지 전압을 올릴 거라고 예상한 밀그램 교수, 하지만 실험 결과는 충격적이었다. 무려 65%의 참가자가

450볼트까지 전압을 올렸다. 교사 역할을 한 피실험자들은 상대의 비명 소리를 듣고 상대가 죽을 수 있다는 사실을 알았지만 연구원의 말에 복종했다.

실험이라는 상황을 알았기에 그랬을 수도 있겠지만, 인간이 얼마나 쉽게 권위자의 말에 복종하는지를 확인할 수 있었다. 이 실험은 아이히만뿐만이 아닌 당시 나치의 지시에 복종했던 수많은 독일 국민이 어떻게 그런 악행을 저지를 수 있는지에 대한 원인을 찾는 실험이기도 했다.

밀그램 교수와 마찬가지로 아이히만의 재판을 유심히 지켜본 철학자 한나 아렌트는 한 명이 아닌 수백, 수천만 명에 이르는 사람이 집단적으로 악을 행하는 걸 가리켜 '악의 평범성'이라고 칭하면서 인간이 지닌 악의 근원에 대한 철학적 탐구를 진행하기도 했다.

**순자** 저는 사람의 본성을 악하다고 봤습니다. 본성대로 내버려두면 마음의 순수함도 선함도 잃어버리고 말 거라고요. 사람이 감정과 본성에 따르면 결코 사양하지 않을 것인데, 사양한다는 건 감정과 본성에 어긋나는 일이죠.

**한나 아렌트** 인간 본성으로부터 인간의 타락이 시작된다는 주장이 인상적이군요. 인간을 욕구와 욕망을 좇는 존재로 봤군요.

**순자** 그렇습니다. 곧 인간의 본성입니다. 그러므로 '성악'이죠.

**한나 아렌트** 그런데 제2차 세계대전 당시 독일 시민들이 저지른 악행은 그저 욕구나 욕망을 좇는 존재의 그것과는 달랐습니다. 저는 그들이 악마처럼 느껴졌거든요. 당시 독일 시민들은 합리적 사고와 도덕적 사고를 할 줄 알았습니다. 그럼에도 수많은 사람이 히틀러와 나치를 따라 악행에 동참했다는 게 이해가 가질 않았죠.

**순자** 군중 심리처럼 분위기에 휩쓸렸을 수도 있겠지요. 사람은 이성을 가졌지만 이성의 결과대로 행동하진 않으니까요. 끊임없는 자기 성찰이 필요합니다. 악을 제거하고 선에 이르기 위해서는 많은 노력이 동반되어야 합니다. 이를 '도덕'이라고 부르죠.

**한나 아렌트** 네, 순자님의 생각이 맞습니다. 독일 국민은 그래도 광기가 휘몰아치던 당시의 역사를 반성하고 있습니다.

**순자** 현대 사회에 들어 몇몇 인간은 짐승보다 못한 악행을 저지르고 있습니다. 사이코패스 또는 소시오패스라고 부르는 범죄자들이 인간으로서 상상하기 힘든 잔혹 범죄들을 저지르고 있어요. 게다가 죄책감이나 자기반성조차 없습니다. 자식을 굶겨 죽인다든지, 사람을 협박해 폭력을 가하는 장면을 여과 없이 영상으로 내보내는 경우가 있다는 이야기를 듣고 인간이 과연 어떤 존재인지에 대해 다시 한번 생각하게 됩니다.

**한나 아렌트** 맞습니다. 평범한 사람도 악을 저지를 수 있는 게 아니라, 흉악한 범죄가 날로 증가하는 게 더 문제 같습니다. 어떻게 해야 할지 고민이에요.

**순자** 그럼에도 한나 아렌트님과 같은 철학자가 있어서 인간이 가진 복잡한 심리와 사회 현상을 짚어낼 수 있지 않았습니까. 그것만으로도 큰 역할을 하셨어요.

**한나 아렌트** 정말 그럴까요? 아직 갈 길이 먼 것 같아요.

## ─ 인간은 선하지 않다

공자로부터 시작되는 유가에서는 인간의 선함을 중시하고 선한 마음과 행동을 통해 선한 세상을 이뤄야 한다고 강조했다. 그런 점에서 순자는 유가의 이단아였다. 그는 인간의 악한 본성에 주목했다. 순자, 하면 떠오르는 게 '성악설'이고, 수학 공식처럼 누구나 아는 이야기가 되었던 까닭도 여기에 있다.

이런 점에서 순자는 유가에서 살짝 비켜나 있는 인물이었고 순자의 생각은 유가에서 주도적 위치에 오를 수 없었다. 대신 순자의 생각은 법가에서 받아들여졌다.

순자는 모든 사람에겐 동일한 점이 있다고 봤다. 배고프면 먹고 싶고, 추우면 따뜻하고 싶으며, 피로하면 쉬고 싶어 한다. 동물의 기본 욕구이자 인간의 기본 욕구이기도 하다. 집에서 뒹굴

거리는 현대인을 떠올리면 순자의 생각이 딱 들어맞는다는 걸 알수 있다.

순자는 "잘난 사람이든 못난 사람이든 성인군자든 폭군이든 악인이든 마찬가지다. 눈이 아름다운 색깔을 좋아하고 귀가 아름다운 소리를 좋아하고 신체가 유쾌한 걸 좋아하는 것 모두 인간의 자연스러운 본성으로부터 비롯된다."고 봤다.

또한 순자는 "인간은 이익을 얻는 걸 좋아하고 손해 보는 걸 싫어한다. 그래서 인간에게 서로 다투고 빼앗는 경향이 생겨나는데 반해 사양하고 양보하는 경향은 사라진다. 태어날 때부터 질투하고 미워하는 감정을 가지며 그것에 빠지다 보니 폭력과 죄악이 생겨나고 충직과 신뢰는 없어진다. 인간은 태어날 때부터 눈과 귀에 욕망을 가지며 그것에 탐닉하고, 심해지면 타락하고 방종한 행동이 생겨나 예의와 문리가 사라진다."고 봤다. 부정할 수 없는 인간의 본능이다.

순자가 보기에 인간은 선한 존재가 아니라 욕망과 이익을 추구하는 존재였고, 그것이 인간을 악하게 만드는 원인이었다. 인간이 지닌 악의 가능성을 제어해 어떻게 선한 사람으로 기를 것인지가 순자에게 당면한 문제였다.

공자와 맹자는 인간이 선을 행할 수 있는 존재이므로 선한 본성을 어떻게 기를 것이냐 하는 점을 강조했다면, 순자는 인간이 악을 행하기 쉬운 존재이므로 악을 행하게 해서는 안 된다는 점

——순자

을 강조했다. 인간이 악한 행위를 중단하고 선을 행할 수 있게 해야 한다는 목적은 같다.

맹자가 이 말을 들으면 서운할 수도 있겠지만, 인간은 선한 행동을 하기보다 악한 행동을 먼저 자연스럽게 하는 경향이 있다. 인간이 자라면서 가장 자주 듣는 말이 '하지 마라'다. 욕을 하지 마라, 껌을 길바닥에 버리지 마라, 싸우지 마라, 독차지 하지 마라, 남의 것을 빼앗지 마라, 타인에게 불편함을 안기지 마라 등 이것도 하지 말고 저것도 하지 말라는 제약과 규제가 넘친다. 인간이 도덕적인 마음을 갖고 태어나지 않는 것일 수도 있다는 판단으로 이어진다.

도덕은 하고 싶어서가 아니라 해야 하기 때문에 행동으로 옮기는 것인지도 모른다. 인간에게 도덕은 의무이고 이성이자, 배워야 가능한 일이다. 의무는 '억지로' 해야 한다는 의미를 지닌다. 그렇게 행동하도록 요구받고 스스로 그렇게 하도록 노력해야 하는 과정이 추가된다. 인간이 하고 싶어 도덕을 행한다면 길가에 떨어진 돈을 주울까 말까, 무단횡단을 할까 말까 하는 도덕적 갈등이 일어날 이유가 없다. 인간의 긴 역사를 고려할 때, 인간이 알아서 도덕적이었다면 지금쯤 세상은 얼마나 아름다울지 생각해본다.

**고자** 인간의 선한 본성에 굳건한 믿음을 가졌던 유가적 전통과는 강조 지점이 달랐군요. 맹자님이 인간은 선할 가능성이 있으므로 선을 실천하고자 노력해야 한다고 말한 것처럼, 순자님은 인간은 악할 가능성이 있으므로 악을 제어하고자 바로잡아야 한다는 의도군요.

**순자** 저는 인간이 욕망을 따르고 이익을 추구하는 존재로 봤습니다. 그것을 고쳐 선한 인간으로 만드는 게 중요하죠. 인간에 대한 믿음이 없어서라기보다 인간이 악으로 빠질 가능성이 높다는 점에 주목했습니다. 저는 인간이 선을 행하는 것으로 선한 인간이 되기보다 인간이 악을 행하는 걸 미연에 방지해 선을 행하도록 하는 게 더 필요하다고 봤습니다.

**고자** 저는 "인간의 본성이란 방향을 정하지 못하고 한 자리를 빙빙 도는 물과 같은 것이다. 그 물길을 동쪽으로 트면 동쪽으로 흐르고 서쪽으로 트면 서쪽으로 흐른다. 마찬가지로 인간의 본성이 선한 것도 아니고 선하지 않은 것도 아닌 까닭도 여기에 있다."고 말했죠. 인간의 본성이 후천적으로 변할 수 있다는 점에서 저와 순자님은 비슷해 보입니다. 다만, 저는 인간의 본성이 선으로 흐를 수도 악으로 흐를 수도 있다고 봤던 반면, 순자님은 인간의 본성이 악할 수 있다는 점에 무게를 뒀군요.

**순자** 그렇군요. 인간의 본성이 선할 수도 악할 수도 있지만 중요한

216

건 인간이 도덕을 행할 수 있는 존재라는 점을 인정하는 데 있다고 봅니다. '사실'에 바탕을 두고 보면 인간은 선악이 정해지지 않은 존재일 수 있지만, 인간이 어떻게 도덕을 행하는지 생각해보면 인간의 본성을 바라보는 관점이 달라질 수도 있으니까요.

**아인 랜드** 제3의 선택지도 가능합니다. 인간이 도덕을 행하는 건 도덕이 이익이 되기 때문일 수도 있습니다. 생각해보세요. 선행을 행하면 평판이 오르고, 한편으로 마음이 뿌듯해집니다. 꼭 인간이 선해서일까요? 저는 그렇지 않다고 봅니다. 남을 돕는 게 자신에게 유리하고 자기 이익을 추구하는 게 자신에게 불리하기 때문이죠. 인간은 스스로 도덕적인 척 행동하는 존재이기도 하죠.

**순자** 인간을 너무 계산적으로 바라보는 시선이군요. 물론 인간에게 악한 면이 많지만 그렇다고 선을 행할 때도 계산을 한다는 건 너무 지나치다고 생각해요.

**아인 랜드** 바로 그것입니다. 인간은 이성을 가진 존재이고 세상에서 자신을 가장 소중하게 여기는 존재입니다. 그러니 손익을 따질 수밖에 없지 않을까요? 자신을 위한다고 해서 타인에게 해를 끼치지는 않습니다. 동기가 불손하게 느껴질 수 있지만, 모든 이에게 이익이 될 수 있어요.

**고자** 듣고 보니 그럴 듯한 견해군요. 온갖 나쁜 생각은 다 하는 인간인데, 뭔들 못할까 싶은 생각도 들어요. 그런 점에서는 랜 드님의 견해를 수용하고 싶군요.

—— 순자

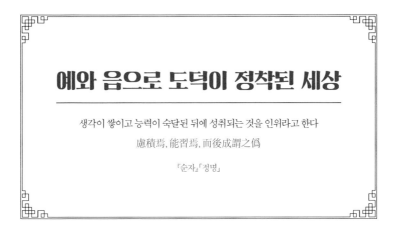

# 예와 음으로 도덕이 정착된 세상

생각이 쌓이고 능력이 숙달된 뒤에 성취되는 것을 인위라고 한다

慮積焉, 能習焉, 而後成謂之僞

『순자』「정명」

삶은 영화와 다르다. 모든 인류가 악을 행하고 도덕 없이 살아가는 빌런이라면, '인권'이라는 말조차 없었을 것이다. 다행스럽게 인간에겐 선악을 구별하고 인지와 인식을 담당하는 '마음(심)'이 있다. 순자는 이 마음으로 인간의 악한 본성을 다스릴 수 있다고 봤다. 물론 이 마음만으로 악한 본성이 선한 것으로 변하진 않는다.

순자는 교육과 학문, 문화를 통해 인간이 더 나은 존재로 거듭날 수 있다고 여겼다. 그는 '예(제도)'와 '음(조율)'으로 인간의 악한 마음을 선한 마음으로 고칠 수 있다고 주장했다.

순자는 음악과 예에 대해 "음악이란 무엇으로도 바꿀 수 없는 조화로 이뤄지는 것이고, 예란 무엇으로도 바꿀 수 없는 조리로 이뤄지는 것이다. 음악은 모든 걸 다 화합하게(조화) 만들고, 예는 모든 걸 다 구분하게(조리) 만든다. 둘 다 사람의 마음을 주관하는 기능을 한다. 근본을 추구하면서 변화에 이르는 게 음악의 정신이고 성실함을 다해 거짓을 없애는 게 예의의 원리다."라고 말했다. 음악이 사람의 마음을 부드럽게 해 딱딱해지지 않게 한다면, 예의는 흐트러질 수 있는 사람의 마음을 가지런하게 한다.

　살다 보면 무조건적인 화합도 무조건적인 구분도 좋지 않다는 사실을 쉽게 깨닫는다. 어떤 때는 구분해야 하고 어떤 때는 화합해야 한다. 구분할 땐 구분해야 하고 화합할 땐 화합할 수 있어야 어른이다.

　넘어와서는 안 될 선이 무엇인지 분명히 아는 게 구분이라면, 선을 조금 옅게 만들거나 경계를 조금 흐릿하게 하는 게 화합이다. '난 나고 넌 너야'라는 말이 구분이라면 '너와 나는 우리야'라는 말은 화합이다. 물론 구분하지 못하고 화합하지 못하는 사람을 봐주기도 하고 그냥 넘어가기도 한다. 그게 미덕인 경우도 있다.

　사회적 차원에서 보면 본인의 위치에서 책임을 다하지 않거나 잘못을 저지르는 건 구분을 잘못해서다. 앞뒤좌우 분별 못하는 사람들이 그렇다. 순자의 입장에서는 '예'를 모르는 사람이다. 그런 사람을 그냥 두는 것도 잘못이다. 잘잘못을 따져 합당한 처벌을 내리는 것 역시 순자가 말하는 '예'에 해당한다.

개인의 삶도 그렇듯 공동체도 마찬가지다. 지나치게 '구분'만 강조하면 대결과 갈등 양상으로 치달을 수 있다. '너'와 '나' 사이에 있는 '거리감'과 '긴장감'을 해소해야 공동체로 존재할 수 있다. 곧 순자가 말하는 '음(音)'이다.

'예'에 대한 순자의 생각을 들어보자. 순자는 "굽은 나무는 반드시 굽은 걸 바로잡는 도구를 사용하고 수증기에 쪄서 바로잡은 다음에 곧게 된다. 또 무딘 연장은 반드시 연마하는 과정을 거친 다음에 날카로워진다. 같은 이치로 인간의 본성이 악한 건 반드시 스승을 본받은 다음에 바르게 되고, 예의를 얻은 후에 다스려지는 것이다. 사람들이 스승을 본받지 않게 되면 편벽되고 험악해지며, 예의가 없으면 흐트러지고 어지러워져 다스려지지 않는다."고 하면서 예를 통해 인간을 교정할 수 있다고 말했다.

또한 "예의란 귀하고 천한 등급을 매겨주고, 나이 많은 이와 적은 이의 차등이 있게 하고, 가난하고 부유한 사람과 신분이 가볍고 무거운 사람에 따라 모두 어울리는 대우를 하는 것이다."라고 말하면서 "비록 임금이나 사대부들의 자손이더라도 예의에 합당하지 못하면 곧 서민으로 돌리고, 비록 서민의 자손이더라도 학문을 쌓고 행실을 바르게 해 예의에 합치하면 곧 그들을 경상이나 사대부로 삼는다."고 했다. 신분에 따라 어울리는 대접을 하고 그에 맞게 처신을 해야 하는 게 '예'다.

한편, 순자는 "천하의 폐해는 욕심을 마음대로 부리는 데서 생겨난다. 사람들이 바라는 것과 싫어하는 대상은 같은데, 바라는 건 많고 대상은 적은 게 실정이다. 대상이 적으면 반드시 서로 다투게 된다."고 봤다.

이에 "나라를 풍족하게 하는 도리는 쓰는 걸 절약해 백성을 넉넉하게 해주고, 남는 걸 잘 저장하는 것이다. 예의로써 쓰는 걸 절약하고, 정치로써 백성들을 넉넉하게 한다. 백성이 넉넉해지면 여유가 많아진다."고 주장했다.

예는 자원의 공정한 분배라는 민주주의 정치와 비슷한 맥락을 가진다. 고대 그리스 민주주의의 출발은 자원의 공정한 분배에 있었다. 한정된 자원을 누구에게 얼만큼 분배할 것인지를 결정하고, 가진 것만큼 정치에 참여할 권리가 부여되었던 게 그리스의 민주주의였다.

자원 분배는 곧 경제 문제이고, 오늘날에도 보듯 경제 문제는 정치에 있어서도 늘 가장 중요한 영역을 차지한다.

순자에게 예는 단순히 악을 교정하는 수단으로 그치지 않고 매우 폭넓은 의미를 지닌다. 그가 말하는 예에는 재물을 활용하는 법, 귀하고 천함을 나눠 신분을 구분하는 법, 상을 치르는 법 등이 두루 포함되어 있다. 정치, 경제, 사회, 문화, 교육에 이르는 모든 분야에서 기준이 되는 게 '예'다.

따라서 '예'는 현대적인 용어로 '예의가 있다'라고 말할 때의 그

─ 순자

예의가 아니라 '제도'이자 '관습'이라고 할 수 있다. 사회 구성원이라면 누구나 따라야 할 원칙이자 상식에 해당하기 때문이다. 사회 안정을 도모하는 수단이기도 하다.

**아르놀트 겔렌** 제도가 있기에 인간은 생존이 가능하고 생존에의 부담도 덜어낼 수 있죠. 순자님의 예도 마찬가지 아닐까요. 제도는 인간의 생식과 보호, 생계유지와 같은 중요한 문제를 다루는 형식입니다. 인간이란 본래 불완전한 존재죠. 그런 불완전한 존재들이 모여 위험에 대처하고 함께 살아가며 안정과 평화를 추구하는 데 있어 제도는 강력한 도구를 제공합니다. 제도 안에서 공통으로 삶의 목적을 추구하고, 무엇을 하고 무엇을 하지 말아야 할지의 결정도 가능할 수 있고요.

**순자** 저는 사람들을 선하게 이끌고 선함으로 사람들과 화합하기 위해서는 반드시 예에 따라야 한다고 생각합니다. 예란 한 인간이 성장하고 다른 인간과 어울려 살아가기 위한 방법입니다. 인간이 욕망만 따르면 짐승만도 못한 존재가 될 것입니다. 인간이 예에 따라 행동하면 욕망이 넘쳐 흐르지 않아 타인과 다투지 않으며 저절로 질서가 잡힐 것입니다.

**아르놀트 겔렌** 재화가 넘쳐 나거나 모자란 데서 공동체의 갈등이 시작되는 게 아니라 경제적, 정치적, 사회적 정의가 무너지는 데서 공동체의 분열과 혼란이 비롯됩니다. 예란 이 모든 걸 다스리는 기준이 되는 것이겠죠? 순자님을 가리켜 '예의 제국을 건설한 사람'이라고 칭하는 이유를 알겠어요.

**순자** 그렇습니다. 잘 다스려지는 나라는 사람들의 직분이 정해져 있어 임금과 재상과 신하들과 여러 관리가 각각 직분에 맞게 행동하고, 이외의 일들에는 관심을 가지지 않습니다. 각자가 맡은 일을 제대로 처리하면 국정이 잘 돌아갈 수밖에요. 저는 예를 통해 사람들이 서로 신뢰할 수 있는 정치 공동체를 세우는 게 목표였습니다.

**테오도어 아도르노** 현대 사회에 들어오면 제도의 기능이 너무 달라집니다. 인간은 기계의 부속품인 양 취급받고 삶으로부터 소외되어버리는 결과를 낳았습니다. 인간은 자유로운 존재입니다. 자유를 보장해주는 게 가장 인간다운 일이죠. 순자님이 말하는 예나 겔렌님이 말하는 제도 모두 인간을 억압하는 도구일 뿐입니다. 순자님의 예는 결국 백성을 다스리기 위한 목적이지 백성을 자유롭게 해주는 목적은 아니지 않습니까?

**순자** 지나친 비약입니다. 저는 백성을 교화해 더 나은 삶을 보장하려 했을 뿐입니다. 저의 진정성을 의심하지 마세요.

**테오도어 아도르노** 순자님의 사상을 받아들인 법가에 이르러 더욱 명확해집니다. 백성이 '법'이라는 거대한 제도의 권력에 저항할 힘을 잃고 스스로 복종하게 만들었죠.

**아르놀트 겔렌** 그렇지만 법가에 의해 정치의 혼란은 줄어들고 사람

224

들의 삶이 더욱 안정된 측면도 있었죠. 그것이 바로 제도의 힘입니다.

## ─ 질서가 잘 잡힌 공동체를 이루는 음악

미움이 사랑으로 분노는 용서로

고립은 위로로 충동이 인내로

모두 함께 손 잡는다면

서성대는 외로운 그림자들

편안한 마음 서로 나눌 수 있을 텐데


잠자는 하늘님이여 이제 그만 일어나요

그 옛날 하늘빛처럼 조율 한번 해주세요

잠자는 하늘님이여 이제 그만 일어나요

그 옛날 하늘빛처럼 조율 한번 해주세요


〈조율〉이라는 노래 가사의 일부다. '조율'이란 악기의 음을 표준음에 맞춰 고르거나 문제를 어떤 대상에 알맞게 또 마땅하도록 조절한다는 뜻이다. 좀 더 넓게는 세상만사 모든 일이 이치에 맞게 돌아간다는 뜻이기도 하다. 그래서 가사를 보면 잠자는 하늘님까지 깨운다. 제발 좀 일어나서 잘못 돌아가는 이 세상을 다시 조율해 달라는 기원의 의미가 담겨 있다.

순자도 마찬가지였다. 그는 음악에 대해 많은 이야기를 남겼다. "음악이란 즐거운 것이다. 감정을 가진 사람이라면 있을 수밖에 없다. 다시 말해, 사람이라면 반드시 음악이 있다. 즐거우면 곧 목소리에 나타나고 행동으로 표현된다. 그래서 사람의 도인 목소리와 행동과 본성의 작용 변화가 모두 여기에서 발휘되는 것이다. 그러므로 사람에게는 즐김이 있고 즐기면 겉으로 표현되는데, 이때 그 표현이 올바른 도리에 맞지 않으면 혼란이 올 수밖에 없다"고 말했다.

순자는 음악이 인간의 자연스러운 감정의 발현이라고 봤다. 다만 표현이 도리에 맞아야 한다고 봤다. 고대에 음악을 즐기는 대상은 임금과 귀족이었다. 주연을 베푼다는 말이 있듯 음악이 있는 곳엔 잔치가 벌어지고 잔치가 벌어지면 나라의 곳간이 비기 마련이다.

순자가 비판한 것도 이런 점에 있었다. 적당히 즐기라는 의미였다. 음악은 교양과 인격 수양을 위한 것이지 유흥을 위한 것이 아니기 때문이다.

나아가 순자는 음악이 인간의 감정뿐만 아니라 기운도 조절해 준다고 봤다. 그는 "우아한 아송의 음악을 제정해 이끌어주니 음악을 충분히 즐기면서도 어지러움으로 흐르지 않게 하고, 형식은 충분히 분별되면서도 없어지지 않게 한다. 소리의 복잡하고 단순한 가락과 뾰족하고 둥그스름한 장단은 사람의 마음을 충분히 감동시켜 사악하고 더러운 기운이 가까이할 수 없게 한다. 이것이 옛 임금들께서 음악을 제정하신 이유다"라고 말하며, 사악하고 더러운 기운을 물리치는 음악의 역할에 주목했다.

또한 "음악이란 한 가지 표준을 잘 살펴 화합하도록 정한 것이고, 여러 가지 사물을 견줘서 절도를 수식한 것이며, 여러 악기의 합주로써 아름다운 형식을 이루는 것이다. 음악으로써 하나의 도에 따를 수가 있고 만물의 변화를 다스릴 수 있다"고 봤다.

이런 음악의 특성 때문에 "본디 음악은 종묘 가운데에서 임금과 신하와 윗사람과 아랫사람들이 함께 들으면 공경하지 않는 이가 없게 되고, 집안에서 부자와 형제들이 함께 들으면 화합하고 친하지 않는 이가 없게 된다"고 말했다.

순자에게 '음악'이란 오늘날의 음악처럼 즐기는 기능을 넘어 사람의 마음을 순하게 만들고 인간관계를 조화롭게 만들어, 궁극적으로 질서가 잘 잡힌 공동체를 이루는 수단으로 볼 수 있다.

예가 신분이나 계급 따위를 구분해 인간관계의 '위아래'를 명확히 하는 수단이라면 음악은 위아래로 구분 지어진 인간관계에 '윤활유'를 붓는 역할이라고 볼 수 있다. 둘 다 인간의 마음을 다스리고 관계를 정립해 갈등과 분쟁을 잠재우고 조화와 화합을 추구하는 제도로서 기능한다.

**순자** 저는 예의와 음악이 잘 정비되고 신분과 의리는 분명하며 여러 가지 하는 일은 때에 알맞고 사람들을 사랑하고 이롭게 하려는 뜻이 잘 드러나야 올바른 정치가 이뤄진다고 봤습니다.

**피타고라스** 예를 통해 욕망을 제어하고 음악으로써 감정을 다스려야 한다는 순자님의 주장을 보면, 순자님께선 인간의 욕망과 감정을 인간의 자연스러운 특징으로 보고 있는 것 같군요.

**순자** 그렇습니다. 타고난 특징이라고도 할 수 있겠죠. 그래서 제어해야 합니다. 예와 음악이 중요한 이유가 거기에 있지요. 특히 음악은 인간의 마음을 부드럽게 해주고 인간관계를 말랑말랑하게 만들죠. 예만 있으면 너무 딱딱할 수 있습니다. 하지만 음악이 있으면 딱딱함을 누그러뜨릴 수 있지요. 반대로 음악은 있으나 예가 없으면 사람 사이에 존재하는 경계와 사람마다 가져야 할 책임이 흐릿해져 사회 질서가 무너질 수 있습니다.

**피타고라스** 단짠의 맛과도 비슷하겠군요. 단맛과 짠맛이 적절하게 섞인 형태 말이죠. 저 역시 음악을 사랑했습니다. 사랑했다기보다 음악을 숭고하게 바라봤다고 해야 할까요.

**순자** 피타고라스님께서요? 많은 사람이 알다시피 피타고라스님은 '피타고라스의 정리'라는 인류 최고의 수학 공식을 발견한 수학자가 아닌가요?

**피타고라스** 맞습니다. 우주는 '수'에 의해 만들어진 공간이죠. 그래서 '수'는 매우 중요하고 신비롭기까지 합니다. 음악 역시 수학의 일종입니다. 서양 음악을 보면 모든 게 숫자로 이뤄져 있습니다. 모든 악기가 악보가 가리키는 바로 그 지점에 음을 정확하게 떨구기 때문에 한 치의 빈틈 없이 아름다운 화음을 구성할 수 있는 것입니다. 이런 조화야말로 우주의 신비이자 신이 내린 축복이죠. 음악을 통해 인간의 감정과 기운을 조절하고 조화와 화합을 이끌어내고자 한 순자님의 시도에 박수를 보낼 따름입니다.

**순자** 음악의 순기능에는 충분히 동의하지만 음악에 도취되어 있으셔서 살짝 부담이 가긴 하는군요. 저는 음악을 적당히 즐겨야 한다고 생각합니다.

**쇼펜하우어** 마음껏 즐기세요, 순자님. 그러셔야 합니다. 음악은 즐기면 즐길수록 그 맛을 더 잘 알 수 있습니다. 현대 사회에서는 그게 가능해지기도 했고요. 저 역시 피타고라스님처럼 음악에 푹 빠졌었고, 저의 철학에서도 음악은 매우 중요한 요소이기도 했습니다. 음악은 인간 의지 그 자체이자 모든 것의 본질이기도 합니다.

순자는 예와 음으로 도덕이 정착된 세상을 꿈꿨다. 그는 "예의와 음악은 잘 정비되고 신분과 의리는 분명하며 여러 가지 하는 일은 때에 알맞고 사람들을 사랑하고 이롭게 하려는 뜻이 잘 드러난다면 백성은 임금을 하느님처럼 존귀하게 여기고 하늘처럼 높이 받들며 부모처럼 친근히 여기고 귀신처럼 두려워한다. 그러므로 상을 내릴 필요도 없이 백성은 힘쓰게 되며, 형벌을 쓸 필요도 없이 위엄이 행해진다. 이를 두고 도덕에 의한 위세라고 부른다"고 말했다. 그렇다, 도덕이 갖춰지면 뭐가 문제일까!

——순자

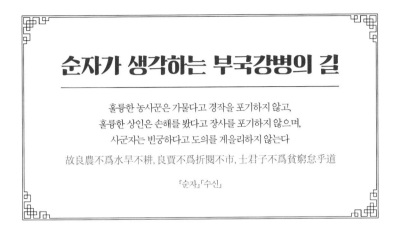

## 순자가 생각하는 부국강병의 길

훌륭한 농사꾼은 가물다고 경작을 포기하지 않고,
훌륭한 상인은 손해를 봤다고 장사를 포기하지 않으며,
사군자는 빈궁하다고 도의를 게을리하지 않는다

故良農不爲水旱不耕, 良賈不爲折閱不市, 士君子不爲貧窮怠乎道

『순자』 「수신」

청출어람(靑出於藍), 한 번쯤 들어봤을 이 고사성어는 순자의 말에서 비롯되었다. 순자는 교육의 중요성을 강조하는 '청출어람'을 제시하며 공부가 주는 훌륭한 결과를 예찬했다.

쪽에서 얻은 푸른 물감은 빛깔이 본래보다 진하고 얼음은 물로 이뤄졌지만 차가움이 물보다 강하다는 뜻이다. 더 파랗고 더 차가워지는 일, '본래보다 더 나아지는 것'은 결국 '공부'에 달려 있다. 누구에게나 배움의 기회를 주고 배움을 통해 뜻을 세우거나 성장할 수 있다는 공자의 가르침을 그대로 전승한 것이다.

순자는 '직하학파'에 속했다. 전국시대 제나라는 왕의 특별 명령으로 중국 전역의 사상가들을 초빙해 학문과 문화를 발전시키고자 했다. 그때 그들은 '직하'라는 성문 근처에 모여 살았는데 '직하학파'의 탄생이다.

현대 한국으로 치면, 순자는 서울대를 나와 정부 요직에 앉아 국정 업무를 수행한 것이다. 배울 만큼 배웠고 배움으로 출세도 했다. 수많은 제자를 거느리며 인류의 스승으로 불리는 공자가 이루지 못한 꿈을 순자가 이뤘다.

『순자』제1편이 「권학」인 까닭도 순자에게 있어 '배움'이 갖는 중요성이 얼마나 큰지를 확인할 수 있는 대목이다. 그는 공부를 권한다. 그저 권하는 게 아니라 '강권'에 가깝다. 지식을 쌓거나 기술을 습득하는 걸 넘어 인격을 수양하는 데까지 나아간다. 인간의 악함을 선함으로 바꾸고 인간의 부족함을 충족함으로 바꾸는 일, 더 나은 인간이 되기 위한 노력도 배움이다. 순자는 인간이 인간다울 수 있는 데에 선천적인 특징이나 재능보다 후천적인 노력이 더 중요하다고 봤다.

순자는 "높은 산에 올라가 보지 않으면 하늘이 높은 걸 알지 못하고, 깊은 계곡 가까이 가지 않으면 땅이 두터운 걸 알지 못하며, 옛 임금들이 남긴 말씀을 듣지 않으면 학문의 위대함을 알지 못할 것이다. 오나라나 월나라나 오랑캐의 자식들도 태어났을 때는 같은 소리를 내지만 자랄수록 풍습이 달라지는 건 가르침이 다르

──── 순자

기 때문이다."라고 봤다.

인간은 배우면서 오래도록 이어온 전통과 문화를 익힐 수 있고, 비록 오랑캐의 자식이라도 후천적 노력인 공부를 통해 문명인으로 거듭날 수 있다는 것이었다.

물론 대학 입시에 지칠 대로 지친 한국인 입장에서는 순자의 말이 달가울 리 없다. 자꾸 공부하라고 말하는데 '너나 하시오' 하며 반발할 수 있다. 게다가 '계층 사다리'도 사라진 지 오래다. 노력해도 더 나아지기 어려운 사회 구조 속에서 세상을 한탄하는 사람이 늘고 있다.

현대 교육은 순자가 생각했던 '도약의 가능성'을 제공하기보다 '불평등을 공고화'하고 계층 간의 차이를 유지시키는 수단으로 작용하고 있기도 한 것이다. 더 나은 교육을 받은 사람이 더 나은 삶을 살 수 있을 가능성이 높은 사회이기 때문이다.

본래 교육의 의미를 한국이 아닌 저개발 국가에 적용시켜 보면, 순자의 말은 여전히 의미를 갖는다. 인간의 성장에는 교육과 공부가 필수적이다. 노력에 따라 더 많은 기회를 얻을 수 있다. 인간이 가진 가능성을 찾고 계발하는 게 교육이고 공부이기 때문이다. 순자가 활동했던 당시 공부를 할 수 있는 대상은 귀족이나 왕족에 한정되었을 테지만 공부의 의미를 좀 더 폭넓게 바라볼 필요는 있다. 목표를 위해 뭔가를 배우는 게 모두 공부다.

**공자** 나처럼 배우는 걸 좋아하는 사람이 있다니 이 또한 기쁘지 아니할 수가 없군요. 배움이란 정말 멋진 일이 아닌가요. 사람을 새롭게 태어나게 하니 말이요.

**순자** 그렇고 말고요. 공자님 말대로 배움이란 사람을 변화시키는 중요한 일입니다. 특히 인간의 악한 본성도 배움을 통해 변할 수 있습니다.

**공자** 그렇죠. 먼저 사람이 되어야 합니다. 부끄러움을 알지 못하는 사람은 자기반성을 하지 못하는 사람이고, 자기반성을 하지 못하면 도덕을 기를 수 없을 것입니다. 저는 늘 자기의 감정, 욕심, 충동 따위를 이겨내 예로 돌아가라고 말했습니다. 배움의 궁극적인 목적도 여기에 있고 말고요. 학문은 그저 지식을 습득하는 게 아니라 훌륭한 인간으로 거듭나는 수행입니다.

**순자** 직하학파에 있을 때 수많은 지성인과 교류하며, 배우고자 절실하게 노력하면 얼마든지 변할 수 있다는 걸 목격했습니다.

**공자** 풍습이 달라지는 건 가르침이 다르기 때문이라는 순자님의 견해가 훌륭하군요. 비록 오랑캐로 태어났더라도 배우면 문명인이 된다는 의미겠지요?

**순자** 그렇습니다. 누구나 요순이 될 수 있어요. 공자님이나 맹자님이나 저나 가장 이상적인 시대를 요순 시대로 꼽지 않습니까. 그때가 가장 문명이 발달했던 시대였죠. 그때와 그 시대의 군주를 닮아가는 게 우리 시대가 할 일입니다.

—— 순자

**공자** 그렇죠. 이 난세를 헤쳐나가는 방법은 그것뿐입니다. 유학을 공부한 선비의 이로움을 이렇게 잘 설명해놓다니, 대단한 일이오. 평생을 주유하면서도 단 한 번도 제대로 대접을 받지 못한 이유도 내가 세상 물정 모르고 공부만 한 선비 취급을 당했기 때문이오.

**순자** 맞습니다. 사람들은 선비가 그저 책만 볼 줄 안다고 여기나 공부를 하다 보면 세상에 대한 통찰이 생기기 마련입니다. 아무리 좋은 기술이 있어도 어디에 어떻게 사용해야 할지 모르고, 아무리 훌륭한 인재가 있어도 어디에 어떻게 활용해야 할지 모르면 허사가 아니겠습니까. 선비는 사물을 잘 이용할 줄 알고, 기술을 잘 이용할 줄 압니다.

**공자** 선비는 '훌륭한 관리자' 역할을 한다는 점에서 정치를 하지 않더라도 매우 유용한 존재가 될 수 있겠어요. 결국 공부를 통해 나오는 힘이라고 생각합니다. 배우지 않는 사람에겐 기대할 것도 없죠.

**순자** 저는 "군자는 말은 반드시 이치에 합당하고, 그가 맡은 일은 반드시 임무에 합당하게 한다"고 봤습니다. 현대에서 말하는 '융합형 인재'에 해당하기도 하고요. 세상을 두루두루 살펴 무엇이 부족하고 무엇이 넘쳐나는지를 파악해 서로가 시너지 효과를 일으키게 만들 능력을 발휘하는 게 선비니까요.

## ― 백성을 다스리는 원칙

순자는 임금이 백성을 다스리는 데 세 가지 큰 원칙이 있다고 봤다. 첫째 정치를 공평히 하고 백성을 사랑하는 것, 둘째 예의를 존중하고 선비를 공경하는 것, 셋째 어진 이와 능력 있는 이들을 존경하고 등용하는 것이다. 첫째는 백성의 중요성, 둘째와 셋째는 인재의 중요성이라고 볼 수 있다. 이 세 가지 원칙만 잘 지켜지면 정치가 올바르게 될 수 있다고 믿었다.

순자는 임금에 대해 "어버이를 잘 섬기는 걸 효도라고 하고, 형을 잘 섬기는 걸 우애 있다고 하고, 윗사람을 잘 섬기는 걸 순하다고 하고, 아랫사람을 잘 부리는 걸 임금이라고 한다. 임금이란 여럿이 모여 잘살도록 해주는 사람이다. 여럿이 모여 사는 방법이 합당하면 만물이 모두 그들에게 합당케 되고, 여러 가축이 모두 나름대로 잘 자라게 될 것이며, 여러 생물도 모두 그들의 목숨대로 살게 될 것이다."라고 봤다. 윗물이 맑으면 아랫물도 저절로 맑아진다는 의미다.

순자는 유자(유학을 배운 선비)의 이로움을 제시하기도 했다. 진나라 소왕이 순자에게 선비가 나라를 다스리는 데 무익한 사람이 아니냐고 물었다. 이에 "선비란 옛 임금을 본받고 예의를 존중하며 신하나 자식들에게 삼가게 하고 그의 윗사람을 매우 존경하도록 하는 사람입니다."라고 말했다. 선비가 조정에 있으면 모두 직분에 따라 일을 하게 해 아름다운 정치를 할 것이고, 아랫자리에 있더라도 백성 틈에서 성실히 지낼 것이므로 풍속을 아름답게 만든다고 봤다.

순자는 선비에게 실용적인 능력이 없다는 걸 인정했다. 그는 선비가 땅을 살피거나 곡물을 기르는 데 농사꾼만 못하고, 재물을 유통시키고 좋은 물건을 알아보는 눈에 있어서 장사꾼만 못하며, 물건을 만드는 데 장인만 못하고, 논쟁을 하는 데 혜자나 등석자 같은 명가에 미치지 못함을 인정했다.

하지만 순자는 말한다. "나는 일찍이 하루 종일 생각만 해본 일이 있었으나 잠깐 동안 공부한 것만 못했다. 나는 일찍이 발돋움을 하고 바라본 일이 있었으나 높은 곳에 올라가 널리 바라보는 것만 못했다. 높이 올라가 손짓을 한다고 팔이 더 길어지는 건 아니지만 멀리서도 보이고, 바람을 따라 소리친다고 소리가 더 커지는 건 아니지만 분명히 들리며, 수레와 말을 탄다고 발이 더 빨라지는 건 아니지만 천 리 길을 갈 수 있고, 배와 노를 이용하면 물에 익숙하지 않더라도 강을 건너갈 수 있다. 군자는 나면서부터 남과 달랐던 게 아니라 사물을 잘 이용할 줄 안다."

순자가 보기에 선비란 오늘날의 '실용적 지식인'에 해당한다고도 볼 수 있다. 우선 선비는 사람의 덕을 따져 지위의 차례를 정하고, 능력을 헤아려 벼슬을 주며, 현명한 사람과 못난 사람이 모두 그에 맞는 지위를 얻게 하고, 능력 있는 사람과 무능한 사람이 모두 그에 맞는 벼슬을 받게 할 줄 아는 능력을 지녔다. 나아가 만물이 합당한 위치를 얻게 하고, 사물의 변화가 모두 적절한 대응을 하게 하며, 신도와 묵적 같은 자들의 생각이 받아들여지지 않게 하고, 혜자와 등석자 같은 자들의 궤변이 통하지 않는 곳을 만든다고 봤다.

한편, 순자는 정치에 있어서의 능력을 중요시했다. 정치는 어떻게 해야 하는가? "내 생각으로는 어질고 능력 있는 이는 차례를 기다릴 것 없이 등용하고, 변변치 않고 능력 없는 자는 조금도 지체 없이 파면시키며, 매우 악한 자는 교화를 기다릴 것 없이 처벌하고, 보통 백성은 정치를 기다릴 것 없이 교화시키면 된다." 순자를 비롯한 유가에서는 도덕적 인성과 더불어 그에 상응하는 능력을 갖춘 사람이 정치를 해야 한다고 봤다. 도덕이든 실무든 능력에 있어서는 가차 없다.

이런 이면에는 재능 대신 족벌이 중요했던 당시의 시대상이 있다. 순자는 "선조에 현명한 이가 있으면 뒤의 자손들은 반드시 출세를 하므로 행실이 비록 걸주와 같다 해도 그의 조정 서열은 반드시 존귀해지니 이는 세족을 현명한 이의 자리에 등용하기 때문이다."라고 비판했다.

그래서 그는 인과 의를 닦고 훌륭한 이를 뽑아 백성을 잘 먹여 살린다면, 군주의 명성이 천하에서 가장 아름답게 될 것으로 봤다. 순자가 생각하는 부국강병의 길이었다.

"권세는 무겁고 군대는 강하고 명성은 아름답다면, 요임금이나 순임금이 천하를 통일할 때도 이보다 털끝만큼이라도 더 잘할 수는 없었을 것이다. 권모술수를 쓰고 나라를 기울어뜨리는 사람을 물리치면, 어질고 훌륭한 사람과 지혜 있고 덕 있는 선비들이 나올 것이다. 형벌과 정치가 공평하고 백성이 화락하며 나라 풍속에 절도가 있다면, 군대는 강해지고 성은 굳건해져서 적국은 스스로 굴복해 올 것이다. 자기 본연의 일에 힘쓰며 재물을 모으면서 놀고먹으며 낭비하지 않으면, 여러 신하와 백성이 모두 제도를 따라 행동할 것이므로 재물이 쌓여 나라는 스스로 부유해질 것이다."

－『순자』「왕제」

**순자** 예나 지금이나 정치에 있어 가장 큰 문제는 부정부패입니다. 정치가 불안한 나라는 대개 부정부패가 만연합니다. 그래서 저는 신분과 지위에 걸맞은 책임을 져야 한다고 강조했죠. 능력과 윤리가 겸비된 지도자여야 하죠.

**토머스 모어** 어진 이가 정치를 하지 않으면 대체 누가 정치를 해야 한단 말입니까. 가장 도덕적인 사람이 정치를 해야 부정부패가 사라지고, 부정부패가 사라져야 정치가 투명해지고 정치에 대한 백성의 신뢰가 높아질 수 있지요. 제가 살았던 16세기 영국에서도 왕이 제 역할을 하지 못해 정치가 부패했습니다. 정치가 부패하면 고통은 백성의 몫이에요. 그래서 전『유토피아』라는 책을 썼습니다.

**순자**  유토피아라, 어떤 뜻인지요?

**토머스 모어**  '이상사회' 또는 '이상향'을 의미하는 '유토피아'는 사
실 '존재하지 않는 세상'이라는 부정적인 뜻입니다. 조금은
자조적이고 역설적인 제목으로 영국 사회가 가진 모순을 드
러내고자 한 거죠. 유토피아에서는 사유재산이 없고, 사유재
산이 없으니 빈부 격차가 없습니다. 굶주림도 없고 결핍도 없
습니다. 모든 시민은 여섯 시간의 정해진 노동을 하고 이외
시간엔 독서를 하고 교육을 받으며 교양을 쌓을 수 있습니다.
진정 인간이 아름답게 살아갈 수 있는 세상이죠.

**순자**  도덕이 살아 있는 곳이라면 그곳이 유토피아겠군요. 반대로
현실에는 의리가 살아 있지 않다는 의미이기도 하겠어요. 어
느 시대나 어느 국가를 막론하고 백성 없이 나라가 있을 수
없는데, 권력을 쥔 사람은 백성을 부려 자기 이익을 챙기기
마련이지요. 참 아이러니한 일입니다.

**토머스 모어**  맞는 말이에요. 민심을 얻으면 나라를 얻고 민심을 잃
으면 나라를 잃는다지만, 민심을 얻지 않고서도 호의호식하
는 벼슬아치들이 얼마나 많습니까. 결국 백성이 바라는 것과
필요한 것들을 줄 수 있어야 올바른 정치인데 말입니다. 현
대 민주주의에 들어서 정치인들이 민심을 얻으려고 더욱 애
쓰고 있다고 합니다. 선거에서 당선되기 위해서 말이죠. 그런

점에서는 고대 사회보다 훨씬 나아졌다고 봅니다.

**순자** 정치인들이 권력을 탐해 다음 선거에서도 또 당선되기를 바라는 대신, 국민에게 필요하고 국민이 원하는 것에 귀 기울인다면 그 사회는 정의가 바로잡히겠죠. 세상에 백성만을 위하는 순수한 정치인이 있을지 의문입니다. 그럼에도 차츰 나아지리라 믿습니다.

# 7장

# 강력한 법으로
# 나리를 부강하게 하라

## _법가

상앙은 법가의 창시자로 알려진 이회의 제자로 진나라의 정치 제도 개혁에 앞장서 진나라를 강대국으로 만드는 데 일조했다. 순자의 제자였던 이사는 진시황의 중국 통일을 도왔고 왕족이나 귀족 대신 관료를 등용해 왕권을 강화시켰다. 한비자는 법가 사상의 집대성자로 강력한 군주가 되기 위한 방법론을 제시한 것으로 유명하다. 그러나 그의 재능을 시기했던 친구 이사에 의해 죽임을 당했다.

## 법은 누구에게나 예외 없이 적용된다

성인은 공에 따라 관직을 주고 작위를 수여하므로 유능한 사람들이 근심하지 않고,
허물을 용서하지 않고 형벌을 사면하지 않으므로 간악한 사람이 생기지 않는다.

聖人以功授官予爵, 故賢者不憂, 聖人不有過, 不赦刑, 故姦無起

『상군서』「상형」

기원전 1700년, '바빌로니아'라는 나라를 함무라비 왕이 다스리
고 있었다. 함무라비 왕은 법전을 만들어 커다란 돌에 새겼다.

타인을 고소했을 때 입증하지 못하면 처벌을 받고, 타인의 재
산을 훔친 자는 처벌하며, 타인의 눈을 상하게 하거나 뼈를 부러
뜨리면 똑같이 눈을 상하게 하고 뼈를 부러뜨린다는 내용이다.
인류 역사상 가장 오래된 성문법인 '함무라비 법전'이다.

282조로 이뤄진 함무라비 법전은 민법·상법·형법·소송법·세
법·노예법 등 여러 부문에 걸쳐 세세하게 나눠져 있다.

1. 누군가가 타인을 고소하고 소송을 제기했으나 사실을 입증하지 못하면, 고소인은 처형한다.

2. 누군가가 재판에 증인으로 나와 증언을 입증하지 못했는데 목숨에 관한 재판이라면, 증인은 처형한다.

3. 신전이나 왕궁의 재산을 훔친 자, 장물을 인도받은 자는 처형한다.

4. 누군가가 황소나 양, 나귀나 돼지 혹은 배를 훔쳤는데 신전 또는 왕궁의 것이라면 30배로 갚아야 할 것이며, 타인의 것이면 10배로 갚아야 한다. 갚을 게 없으면 처형한다.

5. 누군가가 아내를 맞이하며 계약서를 작성하지 않았다면, 그 여자는 아내가 아니다.

6. 누군가의 아내가 다른 사내와 동침하다가 잡혔다면, 두 사람을 묶어 물에 빠뜨린다.

7. 자식이 아버지를 때렸다면, 그의 손을 자른다.

8. 누군가가 타인의 자식의 눈을 상하게 했다면, 그의 눈도 상하게 한다.

9. 누군가가 타인의 종의 눈을 상하게 했거나 뼈를 부러뜨렸다면, 가치의 절반을 지불한다.

10. 누군가가 동등한 지위인 사람의 이빨을 부러뜨렸다면, 그의 이빨도 부러뜨린다.

—— 법가

법의 내용을 살펴보면, 범죄를 저지른 사람의 신분에 따라 또 범죄의 정황에 따라 법이 적용되는 기준이 다름을 알 수 있다. 같은 계급 사이에서 한 사람이 다른 사람의 뼈를 부러뜨렸다면 그에 상응하게 뼈를 부러뜨린 사람의 뼈를 부러뜨리지만, 다른 사람의 종의 눈을 상하게 했다면 가치의 절반만 지불하면 된다.

물건을 훔쳤을 때 배상을 하거나 결혼할 때 계약을 하는 걸 보면 상업이 발달하고 경제적 관념이 뚜렷했다는 사실도 알 수 있다. 게다가 사건이 발생했을 경우 사적으로 복수하는 게 아니라 엄연히 '재판'이라는 과정을 통해 범죄를 다룬다는 사실도 알 수 있다.

함무라비는 왜 이런 법전을 만들었을까? 훗날 인류에게 자랑하기 위해서? 왕의 권위를 모든 이에게 알리기 위해서? 아니다. 당시 강국이었던 바빌로니아는 주변국들을 점령하면서 세를 넓히고 있었다. 아주 작은 원시 부족 사회와 달리 영토는 확장되고 인구는 많아지며 사회 구조는 더욱 복잡해졌다.

다양한 문화를 가진 사람들과 여러 삶의 방식이 혼재하는 사회에서 필요한 건 '보편적인 원칙'이다. 누구에게나 적용하기 쉽고 받아들이기 쉬우며 실행하기도 쉬운 원칙, 곧 '법'이다.

고조선에도 '8조법'이라는 법이 있었다. 중국의 역사책인『한서』를 통해 전해지는 8조법은 현재 3개조만 알려져 있다.

1. 사람을 죽인 자는 즉시 사형에 처한다.

2. 남에게 상처를 입힌 자는 곡물로 배상한다.

3. 남의 물건을 훔친 자는 노비로 삼되, 용서를 받으려면 50만 냥을 내야 한다.

1조를 통해 '눈에는 눈, 이에는 이'라는 함무라비 법전의 원칙과 비슷한 형벌을 알 수 있고 노동력과 인간의 생명을 중요시했다는 사실도 알 수 있다. 2조와 3조를 통해 사유재산과 노동력을 중시했다는 걸 알 수 있다. 돈이 사용된 것으로 보아 상업도 상당 부분 발전했다는 걸 알 수 있다.

바빌로니아와 마찬가지로 사회가 복잡해지고 통치 조직이 확립되면서 사회 질서를 유지하기 위한 법률을 제정해야 했다. 8조 법은 위만 조선을 거쳐 한나라의 지배를 받으며 더욱 복잡해져 60여 조로 늘어났다.

법은 처벌하기 위해서만 존재하는 건 아니다. 경찰에 연행되고 법원을 들락날락하는 것보다, 처벌하기 이전에 문제가 생긴 당사자들끼리 합의해 문제를 해결하는 게 가장 좋은 방법이다. 합의 이전에 갈등 발생을 미연에 방지하는 게 더 좋다.

법은 이럴 때 중요한 역할을 한다. 문명국가에서 살아가는 사람들은 타인의 물건을 훔치거나 타인을 해하면 그에 따른 형벌을 받아야 한다는 사실을 인지하고 있기 때문에 욕심이 생겨도 자제하고 화가 나도 참는다. 질서 유지와 사회 안정 또한 법이 갖는 중요한 역할인 것이다.

특히, 함무라비 법전이 갖는 의의는 그것이 '성문법'이라는 데에 있다. '성문법'이란 문자로 표현되고 문서의 형식을 갖춘 법으로, 일정한 절차와 형식을 거쳐 공포된다.

국가가 제정했기 때문에 공신력이 있다. 법률에는 문자로 표현되고 문서의 형식을 갖추지는 않았지만 오랫동안 불문율로 내려오는 '관습법'이 존재한다.

공자의 시대보다 훨씬 더 오래된 시대에 법률을 성문법 형태로 공포했다는 건, 언제 어디서나 누구에게나 똑같이 적용되고 따라야 하는 원칙을 내세웠다는 점에서 파격적이고 혁신적이었다.


**체사레 베카리아** 함무라비님이 법을 만든 목적을 다시 한번 말씀해주십시오.

**함무라비** 그야 사회를 안정시키기 위해서였죠. 나라가 커지고 다양한 지역의 사람들을 통합해야 했으니 법이 필요했습니다. 어떤 사람이 물건을 훔쳤는데, 어떤 지역에서는 물건값만큼 배상하고 어떤 지역에서는 물건값의 두 배만큼 배상한다면 어떨까요. 나라가 어지러워질 게 뻔합니다. 이런 혼란을 방지하기 위해 법이 필요했습니다.

**체사레 베카리아** 인구가 늘어나고 사회가 복잡해지다 보니 다양한 갈등이 빚어지고 규정을 세울 필요도 있었겠군요. 무엇보다 성문법으로 공표한 게 인상 깊었습니다. 한 번 선포한 법이라면 누구나 따를 수 있었겠어요. 제가 살았던 18세기 이탈리아에서는 죄에 어울리지 않는 강한 형벌이 내려지곤 했습니다. 그래서 저는 형벌은 법에 의거해 이뤄져야 한다는 '죄형 법정주의'를 내세웠죠. 범죄와 형벌을 법률로 규정해야 한다는 근대형법의 기본 원칙이 되었습니다.

**함무라비** 법의 발전에 있어 획기적인 사건이었겠군요. 훌륭한 업적입니다. 내가 세운 법전 역시 죄형 법정주의에 해당한다고 봅니다만?

**체사레 베카리아** 그렇다고 볼 수 있습니다. 당시 형벌이 함무라비 법전대로 이뤄졌다면요. 그런데, '눈에는 눈, 이에는 이'라는 규정은 조금 애매할 수 있겠는데요? 어떤 이에겐 눈보다 팔이, 어떤 이에겐 눈보다 치아가 더 소중할 수 있지 않겠습니까? 그런 점에서 불공정 시비를 겪었을 수도 있었겠어요.

**함무라비** '눈에는 눈, 이에는 이'라는 규정은 너무 잔인하다는 비판을 받기도 하지만, 매우 공평한 방법이기도 합니다. 똑같은 사건에 대해 서로 다르게 대응한다면 갈등이 더욱 깊어질 수 있지요. 누군가가 타인의 눈을 상하게 했는데 그의 가족을 몰살하거나 재산 전부를 빼앗는 일이 발생한다면 어쩌겠소? 상황에 따라 억울한 마음이 들지 않겠소? 무엇보다 베카리

아님의 말씀처럼 누구도 '눈에는 눈, 이에는 이'라는 규정을 피해갈 수 없다는 점이 더 중요하겠죠.

## ― 상앙의 변법

'법가'란 통치의 기술로, '법'을 중요시했던 춘추전국시대의 사상가 집단을 가리킨다. 공자가 인, 의, 예를 통치의 근본으로 삼으려 했듯 법가는 법을 통치의 근본으로 삼으려 했다. 당시에는 지금처럼 체계적인 법이 없었다. 법이 있다 해도 영향력이 일상생활에 깊게 작용하지 않았다. 사람들 사이에 문제가 발생하더라도 당사자들끼리 해결하거나 마을의 어른들을 중심으로 문제를 다루면 그만이었다. 그런 시대에 법을 통치술의 하나로 들고나온 게 법가였다. 그런데, 법을 공포한다고 해서 그대로 따르는 건 아니다. 현대에 들어서는 법이 있으면 법을 따르는 게 상식이지만 고대에는 그렇지 않았다.

상앙이 변법을 시행할 때의 일이다. '변법'이란 일종의 개혁이다. 국가를 혁신적으로 재조직해 부국강병을 꾀하는 걸 일컫는다. 변법 시행 초기에 사람들은 그게 정말 실현될지 의구심이 있었다. 국가에서 새로운 정책을 시행한다고 했을 때 국민이 반신반의하는 것과 마찬가지다. 상앙은 의지를 보여주고자 수도 남문에 세 길쯤 되는 나무 기둥을 세우고 방을 부쳤다.

"이 기둥을 북문으로 옮기는 사람에겐 금 10냥을 상으로 준다."

그런데 믿는 사람이 아무도 없었다. 기둥 하나 옮긴다고 그 많은 돈을 줄 거라고 아무도 믿지 않았다. 그리고 돈이 욕심 나서 기둥을 옮겼다가 무슨 변고를 치를지 알 수 없는 일이었다. 고대 국가에서는 관리 마음대로 법을 집행하는 일이 빈번했기에 시키는 일을 한다고 해도 상을 받을지 벌을 받을지 확신할 수 없었다.

그러자 상앙은 상금을 금 50냥으로 높였다. 그때 한 사람이 나서 반신반의하며 나무 기둥을 북문으로 옮겼고 상앙은 그 자리에서 그에게 50냥을 지급했다. 이때부터 사람들은 상앙을 신뢰하기 시작했고 상앙은 새로운 법을 추가로 공표할 수 있었다.

그렇지만 상앙의 변법이 발표되자 귀족들을 중심으로 반발이 심했다. 상앙의 법은 왕권은 강화시키나 귀족의 권한은 약화시켰다. 그러던 차에 태자가 사형 선고를 받은 왕족을 숨겨주는 사건이 터졌는데, 새로운 법에 따르면 범죄자를 숨기는 행위는 사형에 해당하는 중범죄였다. 하지만 태자를 죽일 수는 없었고 대신 코를 베는 비형을 선고했다.

이는 매우 큰 사건이었다. 무소불위의 권력을 지닌 태자마저도 법률에 따라 처벌받는 걸 목격한 사람들은 이후 법을 그대로 실천했고, 이런 밑바탕 위에 강력한 국가를 건설할 수 있었다.

법을 만든 상앙 역시 법을 피해갈 수 없었다. 상앙을 재상으로 등용해 진나라를 강국으로 성장시켰던 효공이 죽자, 상앙을 시기하던 수많은 귀족이 그가 반란을 꾀했다고 모함해 내쫓았다. 진나라에서 도망친 상앙은 투숙도 식사도 할 수 없었다. 호패 없이 다른 지역의 여관에 가서 투숙도 식사도 할 수 없다는 법률 때문이었다. 호패가 없었던 상앙은 결국 누군가의 신고로 수도로 압송되어 죽임을 당했다. 이를 '상앙의 비극'이라고 한다. 안타까운 일이기도 하지만, 상앙이 법을 통해 무엇을 하려 했는지를 명확히 볼 수 있는 사건이기도 하다.

법을 한 번 공포하면 법률이 바뀌지 않는 한 법을 어기는 사람에게 처벌을 가해 잘못을 바로잡을 수 있다. 물론 법의 해석에 따라 법이 다르게 적용될 여지는 있지만, 기본적으로 법이 있으면 어떤 사안에 대해 일정한 표준을 정해놓기 때문에 객관적인 지표로 기능할 수 있다. 법은 모든 이에게 공개된다는 점에서 신뢰도 얻을 수 있다. 비록 고대의 법은 백성을 통치하기 위한 수단이었지만, 누구에게나 예외 없이 적용된다는 점 또한 중요한 특징이다.

**공자** 강력한 법을 집행해 나라를 부강하게 만들었다는 점에서 흥미롭군요.

**상앙** 강력한 법을 집행한다는 건 국가에 대한 국민의 신뢰를 얻는 방법이기도 했습니다. 법률을 행하는 데 있어 그 누구도 예외가 되지 않는다는 원칙, 잘한 사람에게는 상을 내리고 잘하지 못한 사람에게는 벌을 준다는 원칙, 법률을 공개해 누구나 알 수 있게 한다는 원칙, 그리고 원칙이 반드시 지켜질 거라는 원칙이 성공의 요인이었죠.

**공자** 법이 갖는 가장 강력한 특징이 드러나는군요. 그럼에도 법에 의해 당신이 파멸을 맞이했다는 점에서는 법이 갖는 지나친 냉혹함도 드러나는 것 같습니다.

**상앙** 어쩔 수 없는 일 아니겠습니까. 법이 잘 집행되었다는 의미니까요. 어느 시대에나 권력자들이 법망을 피해 비리를 저지르는 일이 흔하다 보니, 저의 이런 사례가 후세에 교훈이 되길 바랄 뿐이죠.

**공자** 상앙님의 이야기를 듣다 보니 섭공과의 대화가 생각나는군요. 섭공과 저는 '정직'을 두고 토론을 벌였습니다. 섭공은 아비가 양을 훔치자 아들이 아비의 죄를 증언하는 게 '정직'이라고 했고, 저는 아비가 자식을 위해 죄를 숨겨주고 자식은 아비를 위해 죄를 숨겨주는 것 사이에 '정직'이 있다고 말했습니다. 상앙님은 섭공에 동의하시겠지요?

**상앙** 당연하지 않습니까. 아비가 자식의 죄를 숨겨주고 자식이 아비의 죄를 숨겨주다 보면 법이 무용지물이 되겠지요. 나라를 경영하려면 세금도 잘 거둬야 하고 세금으로 강력한 군대도 양성해야 하지요. 무엇보다 귀족이 왕권에 도전하지 못하게 하고 백성이 불만 없이 왕의 명령에 따라줘야 하고요. 이런 상황에서 법을 원칙대로 집행하는 게 무엇보다 중요합니다.

**공자** 하지만 그런 사회에서 어떤 인간미가 남아 있겠습니까. 상앙님이 맞이한 비극 역시 바로 그 때문입니다. 사람들이 법을 따른 건 '공포'이지 법의 '내용' 때문은 아니겠지요. 정말 어이없는 법일지라도 사람들은 법이 공포되는 순간 따를 수밖에 없을 거예요. 기둥을 옮기는 사람에게 상금을 준다는 것 역시 이해하기 어렵듯이요.

**상앙** 그렇게 해서 약소국이었던 진나라를 강대국으로 발전시킬 수 있었어요. 공자님처럼 도덕을 내세워 어떻게 나라를 부강하게 할 수 있을까요.

"법은 귀족을 봐주지 않는다. 먹줄이 굽지 않는 것과 같다. 법이 시행됨에 있어서 똑똑한 이라고 이유를 붙일 수 없고 용맹한 이라고 감히 다투지 못한다. 과오를 벌함에 있어서 대신도 피할 수 없으며, 선행에 상을 줌에 있어서 필부도 빠트리지 않는다. 그러므로 윗사람의 잘못을 바로잡고, 아랫사람의 속임수를 꾸짖으며, 혼란을 안정시키고 잘못을 바로잡으며, 예외를 인정하지 않고 공평하게 해백성들이 따라야 할 표준을 하나로 통일하는 데는 법보다 나은 게 없다. 관리를 독려하고 백성을 위압하며, 음탕하고 위험한 짓을 물리치고 속임과 거짓을 방지하는 데는 형벌보다 나은 게 없다. 형벌이 엄중하면 귀족이 천한 사람을 업신여기지 못하며, 법이 자세하면 임금은 존중되고 침해받는 일이 없다. 임금이 존중되고 침해받는 일이 없으면 임금의 권력이 강화되고 핵심을 장악하게 된다. 그러므로 옛 임금들이 이를 귀중하게 여기고 전한 것이다. 임금이 법을 버리고 사사롭게 처리하면 상하의 분별이 없어진다."

-『한비자』

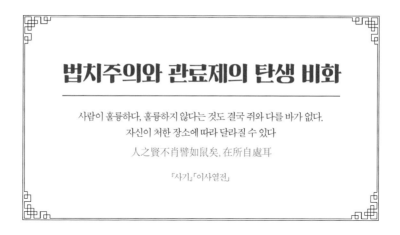

# 법치주의와 관료제의 탄생 비화

사람이 훌륭하다, 훌륭하지 않다는 것도 결국 쥐와 다를 바가 없다.
자신이 처한 장소에 따라 달라질 수 있다
人之賢不肖譬如鼠矣, 在所自處耳

『사기』「이사열전」

법가 사상가들은 '법'을 통해 왕권을 강화하려 했다. 강력한 국가를 건설하기 위해서는 권력이 중앙으로 집중되어야 했는데 곧 강력한 왕권을 의미했다.

상앙은 누구나 법을 지키게 만들어 왕권을 강화하고 강력한 법을 집행하게 했다. 그는 백성의 잘못을 덮어주면 백성이 오히려법을 어기고, 백성이 저지른 죄를 처벌하면 백성을 다스릴 수 있다고 봤다. 백성이 법을 무시하면 나라가 혼란에 빠지고 법으로백성을 다스리면 군대가 강성해질 수 있다고 봤다.

상앙은 "자비로운 사람은 타인에게 너그러울 수 있어도 타인을 자비롭게 만들 수는 없다. 친절한 사람은 타인을 사랑할 수 있어도 타인을 인정 많은 사람으로 만들 수는 없다. 그러므로 천하를 인의로 다스리는 건 합당하지 않다."고 했다. "나라가 시, 서, 예, 악, 박애, 교육, 자비, 덕, 문학적인 고상함, 그리고 지혜와 같은 것들에 둘러싸여 있으면 군주는 군사를 일으키지도 나라를 지키지도 못한다."고도 했다.

법가는 나라를 효율적으로 다스리기 위해서는 사람의 도덕이나 인정에 호소하기보다 공포와 위협이 더 좋은 방법이라고 여겼다. 상앙이나 한비자를 위시한 법가 사상가들은 군주에게 아무도 믿지 말라며 조언했다.

법가는 인간은 이기적이고 타인을 희생해서라도 자기 이익을 추구하므로 군주는 비록 충신일지라도 그를 의심해야 한다고 봤다. 가장 친하고 가까운 친구나 가족도 예외는 아니었다.

현명한 군주라면 애정보다 위엄을 가지고 백성을 다스릴 것이며, 백 마디 말보다 한 번의 채찍이 가져올 결과에 더 큰 의미를 뒀다.

관자는 마을 공동체를 조직해 상호 감시하고 고발할 수 있는 체계를 만들었다. 모든 가구를 열 또는 다섯 가구로 편제해 문제가 발생했을 시 서로 연대 책임을 지게 했고, 문제가 발생하는 걸 막기 위한 수단으로도 활용했다. 이를 기반으로 농민의 이동을 통제하고 인구 집계, 세금 징수, 병사 징집을 실시했다.

특히, 법가는 백성을 매우 불신했다. 백성이 무지한 것에도 이유가 있었지만 백성의 인구가 많다는 것도 문제였다. 언제 어디서 반란이 일어날지 모르기 때문이었다.

중국의 역사를 보더라도 마음 편히 황제의 자리를 지킨 사람은 없었다. 백성의 반란이 있거나 신하의 반란이 있거나, 황제의 마음을 사로잡기 위한 또는 황제를 속이기 위한 온갖 권모술수가 행해졌다. 유가에서처럼 훌륭한 임금이 등장한다고 해서 훌륭한 백성이 등장한다는 건 법가의 시선에서 그저 이상에 지나지 않는 이야기였다.

상앙은 "벌은 힘을 낳고 힘은 권세를 낳으며, 권세는 두려움을 낳고 두려움은 덕을 낳는다. 그러므로 벌이 곧 선의 근원이다."라고 말하며, "벌이 엄하고 상이 가벼우면 군주가 백성을 사랑하는 것처럼 보이므로 백성은 목숨 바쳐 충성한다. 상이 크고 벌이 가벼우면 백성을 사랑하지 않는 것처럼 보이므로 백성은 목숨 바쳐 충성하지 않는다."고 봤다. 백성이 임금의 권세를 두려워하게 만드는 게 정치적으로 더 중요했다.

서양에서도 법가 사상가와 같은 사람이 있었다. 바로 마키아벨리였다. 법가가 존재한 시대보다 2천여 년 뒤인 16세기 이탈리아 피렌체에서 태어난 인물로 근대 정치사상의 출발점으로 여기는 『군주론』을 저술했다.

당시 수많은 국가로 분열되어 있던 이탈리아는 춘추전국시대와 비슷한 상황이었고, 통일국가를 수립하기 위해서는 강력한 권력을 지닌 군주가 필요하다고 여겼다. 마키아벨리는 피렌체를 통치하는 로렌조 메디치를 위한 정치 이론서를 저술했는데, 『군주론』이었다. 오로지 권력을 유지하기 위한 방법론을 담았다는 점에서 법가의 사상과 비슷하다.

마키아벨리는 "군주된 자는, 특히 새로 군주의 자리에 오른 자는 나라를 유지시키는 데 있어 곧이곧대로 미덕을 지키기 어렵다는 사실을 기억해야 한다. 나라를 지키려면 때론 배신도 해야 하고, 때론 잔인해져야 한다. 인간성을 포기해야 하는 건 물론 신앙심조차 내려놓아야 할 때도 있다. 군주는 운명과 상황이 달라지면 그에 적절하게 대처할 수 있는 임기응변이 필요하다. 할 수 있다면 착해져라. 하지만 필요할 때는 주저 없이 사악해져라. 군주에게 가장 중요한 일은 무엇인가? 나라를 지키고 번영시키는 일이다. 일단 나라를 부강하게 만들면 그걸 이루기 위해 무슨 짓을 했든 칭송받을 것이고, 위대한 군주로 이름을 날릴 것이다."라고 말했다.

『군주론』이 근대 정치사상의 기원이 된 이유는 정치를 도덕과 구별했다는 데 있다. 마키아벨리는 이 책에서 "인간이란 두려움을 주는 대상보다 사랑을 주는 대상에게 해를 끼치는 걸 주저하지 않는 사악한 존재"라고 말하거나 "군주는 때때로 짐승이 되어 폭력을 휘두를 줄 알아야 한다. 사자의 힘과 여우의 교활함을 갖

—— 법가

추고 있어야 한다."라고 말하면서, 군주는 백성이 두려움을 갖게 하는 대상이 될 수 있어야 한다고 강조했다. 그래야 백성이 군주에게 복종할 수 있다고 믿었다. 인간의 마음이 악으로 기울어지는 경향을 피할 수 없다는 게 마키아벨리 사상의 출발점이었다.

**몽테스키외** 법가 사상가들이 왜 '동양의 마키아벨리'라고 불리는지 이해가 가는군요. 법가 사상가들을 16~18세기 서양의 절대왕정에 비유할 수 있겠군요. 절대왕정이란 군주의 절대적 권력에 기대 강력한 왕권으로 통치하던 시대를 말합니다. 저는 그 시대를 비판했습니다.

**상앙** 난세를 헤쳐나가기 위해서, 또 왕의 권좌를 지키기 위해서는 신하와 백성을 잘 다루는 게 가장 중요합니다. 그런 의미에서 법과 형벌을 강조한 것이지요. 두려움의 정치인 건 맞습니다. 그런 점에서 법가를 마키아벨리에 비유하는 것이겠죠.

**몽테스키외** 그런데 백성을 지나치게 불신하는 게 마음에 걸립니다. 16~18세기 서양의 절대왕정 시대에도 왕과 귀족들이 자신들의 잇속만 차리면서 백성은 도탄에 빠졌었죠. 그들은 이런 것들을 외면했습니다. 그래서 저는 군주가 헌법에 입각해 통치해야 한다는 입헌군주제, 사법부와 행정부와 입법부가 서로의 권력을 견제해야 한다는 3권 분립설, 그리고 양원제 의회를 주장했습니다.

**상앙** 왕이나 귀족에게 법은 똑같이 적용되어야 한다는 점에서 저는 입헌군주제에 찬성합니다. 입법부도 괜찮은 제도 같군요. 필요한 법을 만드는 기관이 있다면 임금의 노고를 덜어줄 테니까요. 양원제 의회라, 고대로 치면 귀족들이 서로 나눠 의견을 주고받는 그런 기관 말이겠죠? 단언컨대, 제가 마키아벨리님이 활동하던 당시에 태어났다면 그보다 더 훌륭한 제도를 주장했을 거예요.

**몽테스키외** 아마 그러셨을 겁니다. 그렇지만 앞서 말했듯, 제가 주장했던 제도들은 왕의 권력을 분산하고 견제하기 위한 목적이지, 상앙님이 그랬듯 군주의 권력을 강화시키기 위한 목적은 아닙니다.

**한비자** 우리가 살았던 시대보다 평화로웠나 보군요. 권모술수가 판치는 세상에서 비록 왕일지라도 목숨을 보전하는 게 얼마나 힘든 일입니까. 왕좌를 노리는 사람들이 수두룩한 곳에서 권력을 유지하기 위해서는 모든 사람을 의심할 수밖에 없죠. 그들을 견제하기 위해서라도 법은 강력하게 적용해야 합니다. 물론 마키아벨리님이 주장하던 그런 제도가 잘 정착되어서 군주의 권력도 잘 보전시켜 준다면야 대찬성입니다만.

**몽테스키외** 무엇보다 중요한 건 백성의 안위라고 생각해요. 물론 제가 살던 시대는 고대에 비해서 인간의 권리에 대해 더 많은 걸 이야기하고 관심을 가지다 보니 차이는 많이 날 것입니다. 하지만 법가가 부국강병을 주장했던 건 백성이 잘사는 나라보다 왕이 잘사는 나라를 위한 것 같아 조금 씁쓸함이 남는 건 어쩔 수 없군요.

**한비자** 고대엔 왕권이 안정돼 있는 만큼 나라의 혼란도 줄어들 수 있었으니까요. 그런 부분을 감안해야 합니다.

## ― 이사의 관료제

법가가 말한 법은 오늘날처럼 국민의 권리와 의무를 명시하거나 국가 건국 이념을 제시한 게 아니라 백성을 통치하기 위한 수단이다.

관자는 법을 만드는 사람은 군주이고 법을 지키는 사람은 신하이며 법을 본받아 행하는 사람은 백성이라고 봤다. 한비자는 법이란 관청에 명령이 명시되고 백성의 마음에 형벌이 반드시 새겨지도록 해야 하며 법을 잘 따르는 사람에게는 상을 주고 법을 어기는 사람에게는 벌을 줘야 한다고 봤다. 군주의 명령이 누구에게나 쉽게 전달되고 누구나 따를 수 있게 만들어, 효율적인 통치 체계를 구축하려 했던 것이다.

또한 귀족의 힘을 줄이고자 관료를 등용했다. 오늘날의 공무원인 관료는 당시만 해도 파격적인 제도였다. 왕족이나 귀족들이 제후를 자처하고 지방의 주요 도시들을 다스렸을 뿐인 주나라는 지방 분권 체제였기 때문에 왕권이 강할 수가 없었다. 반면, 왕이 직접 뽑은 사람들을 주요 관직에 앉히거나 지방으로 파견해 주요 도시들을 관리하는 관료제는 왕권 강화에 도움을 줬다. 관료제는 왕족이나 귀족의 자제들을 관리로 뽑아 쓰던 전통을 완전히 뒤집은 정책이었다.

한비자는 "비록 관료가 백성에게 애정이 없다 해도 백성은 그의 아버지가 하는 명령보다 관리의 명령을 만 배는 더 잘 따를 것이다. 어머니가 아무리 자식을 사랑해도 명령이 자식에게 잘 통하지 않지만 관리는 자신이 가진 위엄으로 백성을 대하므로 백성이 말을 잘 따른다. 그러므로 위엄과 애정 중 어느 것을 선택해야 할지 결정하는 건 매우 쉬운 일이다."라고 말했다.

또한 "하인이 주인을 위해 일하는 건 주인에 대한 충성스러운 마음 때문이 아니라 일에 따른 보수에 있다. 마찬가지로 주인이 하인을 잘 대하는 건 그가 친절한 사람이어서가 아니라 하인이 일을 잘하도록 독려하는 데 있다. 그러므로 서로의 이용 가치에 주목하고 각자 자신의 이익을 도모한다."고 주장했다. 법가는 인간이 도덕에 따라 행동하는 게 아니라 철저히 계산된 이익에 따라 행동한다고 여긴 것이다.

관료제의 채택은 춘추전국시대 이후 달라진 시대상도 반영되었다. 국가를 효율적으로 통제하며 관리하려는 의도 이외에도 능력 있는 인재를 관료로 등용하려는 의도도 있었다. 전쟁을 통해 다른 국가들을 합병해 국력을 확장시켜야 했던 당시, 인재를 구하는 건 부국강병에 중요한 일이었다. 제가백가 역시 그렇게 탄생했다. 춘추전국시대는 상공업이 점차 발전하던 시기였으니 그런 분야를 관리할 수 있는 사람이 필요하기도 했다.

상앙이 강대국으로 만든 진나라에서 100년 뒤에 진시황이 중국을 통일하고 황제의 자리에 오를 수 있었던 것도 법가의 생각이 만들어낸 결과라고 할 수 있다. 당시 진나라의 재상은 한비자의 친구이자 경쟁자인 이사였는데, 관료제를 정비해 군현제를 제정했다. 문자와 도량형을 통일해 사상과 경제에 있어 통일된 원칙을 세우고자 했다. 분서갱유로 황제를 비판하는 사상과 사상가들을 모두 없애기에 이르렀다. 이 모든 건 강력한 전제 왕권의 확립에 목적이 있었다.

법가의 주장은 인간을 선한 존재로 바라보고자 하는 동아시아의 전통적인 인간관에서 벗어나 있었지만 국가 통치에 있어서는 가장 필요한 요소 중 하나였다. 부국강병을 위한 가장 실질적이고 실용적인 방법을 제시했다는 점에서 춘추전국시대 군주들에게 환영받았다.

이렇게 사람이 아닌 '법'과 '형벌'의 시스템으로 백성을 통제해 무조건적 복종을 이끌어내는 게 법가 사상의 핵심이다. 법가 사상은 이후 중국의 제도 속으로 스며들어가 법치주의와 관료제라는 정치와 행정의 기본 바탕이 될 수 있었다.

**막스 베버** 법치주의와 관료제는 정치 권력의 강화와 국민 통제를 위한 제도였군요. 지방 귀족들의 권력을 축소시키는 동시에 황제의 권력을 강력하게 만드는 수단이라고 할 수 있겠어요.

**이사** 그렇습니다. 저는 군현제를 만들어 관료들을 배치하고 진시황의 권력 아래에 둬 황제에게 충성을 다하게 했습니다. 그렇게 황제 중심으로 권력을 집중되게 하는 중앙집권제를 이룩할 수 있었죠.

**막스 베버** 저 역시 '관료제'라는 말을 사용했는데, 저와는 여러 차이점이 있는 것 같군요. 우선 진시황의 관료제가 절대왕정과 봉건체제를 배경으로 했다면, 저의 관료제는 산업사회와 민주주의를 배경으로 하고 있습니다. 무엇보다 황제의 신하로서 황제에게 봉사하는 조직이 아니라 합리성을 추구함으로써 산업사회의 복잡한 조직의 효율성을 높이는 역할을 담당했죠. 그래서 전문지식을 갖춘 능력이 중시되었습니다.

**이사** 상당히 흥미롭군요. 고대 사회에서는 제품을 생산하거나 생산의 증대보다 왕에게 충성을 하게 만드느냐 아니냐가 더 중요했죠. 법치주의 역시 마찬가지입니다. 엄격한 법으로 백성들이 황제의 명령에 따르게 만드는 수단이었으니까요.

**막스 베버** 관료주의 역시 법치주의 비슷한 구석이 있습니다. 물론 백성들을 통제하기 위한 수단이 아니라 규칙과 규정, 절차에 따라 모든 걸 처리한다는 의미죠. 진시황이 파견한 관료들이

266

진시황에게만 충성한다면 그들이 규칙과 규정, 절차를 어긴다 한들 무슨 문제가 있겠습니까.

**이사** 베버님이 말씀하신 관료제 역시 문제가 있어 보이는데요? 관료들이 여러 문서를 결재하고 승인해준다면 그들에게 '권력'이 집중될 소지가 있으니까요. 그들이 권위를 이용해 부당한 지시를 내리거나 자의적 결정을 한다면 이 또한 큰 문제 아니겠습니까.

**막스 베버** 정확한 지적이시군요. 그래서 관료제는 부패할 위험이 있습니다. 현실에서는 부패하지 말라고 만든 규칙과 규정, 절차를 넘어서는 일이 벌어지기도 하죠. 반대로 조직이 경직되어 권한과 책임 밖의 일에 대해서는 아무런 관심이 없다는 것도 문제죠. 조직 내에서 부품과 같은 역할을 하다 보니 인간 소외가 나타나기도 하고요.

**이사** 현대 사회는 고대 사회와 달리 너무나 복잡하군요. 고대 사회에서 관료는 부정부패만 저지르지 않고 임금의 말만 잘 들으면 아무런 문제가 없었으니까요.

**막스 베버** 현대 사회일수록 모든 게 더욱 밀접하게 연결되어 있어서 그렇습니다. 그래서 관료제에서 벗어나 구성원의 창의성과 자율성을 보장하는 탈관료제가 나타나기도 했죠.

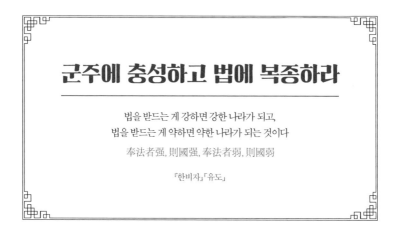

# 군주에 충성하고 법에 복종하라

법을 받드는 게 강하면 강한 나라가 되고,
법을 받드는 게 약하면 약한 나라가 되는 것이다

奉法者强, 則國强, 奉法者弱, 則國弱

『한비자』「유도」

『한비자』에서 유래된 유명한 고사가 두 개 있다.

먼저 '수주대토(守株待兎)'를 살펴보자. 송나라에서 농부가 밭을
갈고 있는데 달려오던 토끼가 밭 한가운데의 그루터기에 부딪혀
목이 부러져 죽고 말았다. 농부는 밭 가는 걸 멈추고 그루터기를
지키면서 토끼를 다시 얻을 수 있길 바랐다. 하지만 토끼를 다시
얻을 수 없었고 송나라 사람들의 웃음거리가 되고 말았다.

농부의 게으름을 비판한 게 아니라, 과거 임금들의 정치 방식
을 그대로 답습해 오늘날 백성을 다스리고자 하는 사상가들, 특

　　　　　　　　　　　　　　　　　　　　　—— 법가

히 유가, 도가, 묵가를 향한 한비자의 직접적 비판이었다. 공자로부터 시작하는 유가의 경우 요와 순이라는 고대의 두 임금이 행한 정치를 가장 으뜸으로 봤고, 춘추전국시대 이전의 국가 주나라의 문물을 이상적으로 여겼다. 노자로부터 시작한 도가는 황제라는 전설의 제왕을, 묵가는 요순 다음의 임금으로 치수 사업에 성공했던 우임금을 통치의 모범으로 삼았다.

다음으로 '모순(矛盾)'의 내용을 살펴보자. 초나라에서 창과 방패를 파는 사람이 방패를 자랑하며 어떤 것으로도 뚫을 수 없다고 말하고 나선, 다시 창을 칭찬하며 어떤 것도 뚫을 수 있다고 선전했다. 이를 본 사람이 창으로 방패를 뚫어보라고 하자 상인은 아무 말도 할 수 없었다. 과거와 전통을 운운하는 것으로는 현실을 바꿀 수 없다는 단호함을 전하는 이야기다. 과거의 창과 과거의 방패로 무엇을 할 수 있단 말인가.

고대의 왕들을 이상적인 모델로 삼아 전통을 계승하는 것도 좋지만, 지나칠 경우 현실을 간과할 수 있기에 새 술은 새 부대에 담아야 한다고 주장한 것이다. 한비자는 법은 시대의 흐름에 따라 바뀌어야 하고 정치는 현재의 긴박한 사정에 부합해야 한다고 봤다. 그래서 한비자는 전통보다 변화를, 이상보다 실제적 성과를 중요시했다. 상앙의 변법도 마찬가지였다. 그래서 법가 사상에서 주목할 만한 점은 실질적 개혁이다.

이에 따라 법가는 부국강병을 위한 현실적인 조언과 제안을 내놓았고 많은 임금이 법가를 채택해 개혁을 이끌어나갔다. 법가는 유가의 인·의와 같은 인성과 도덕을 버리고 예를 법으로 바꿔 백성을 통치하는 수단으로 이용했다. 법을 공포하면 군주가 직접 나서지 않더라도 백성을 통제할 수 있었다. 백성이 군주의 명령에 무조건 복종하게 만들고 더 이상 반항하지 않도록 싹을 자르고자 '우민화 정책'을 실시하기도 했다. 백성을 바보로 만든 것이다.

법가는 군주에 대한 무조건적 충성과 법에 대한 무조건적 복종으로 강력한 왕권을 구축하려 했다. 이것이 극단적으로 적용된 결과가 진시황의 '분서갱유' 사건이다. 상앙의 제안을 받아들인 진시황은 실용서 이외의 모든 인문 서적을 불태우고 자신의 정책에 반대하는 사상가들을 불태워 죽였다.

법가는 전제주의적이고 전체주의적인 사회를 향했다. 왕에게 모든 권력이 집중되며 왕의 의사에 반하는 모든 걸 억압하고 제거하려 한다. 한비자는 학자, 유세가, 협객, 중신의 측근, 상공민을 국가의 '다섯 가지 좀'으로 규정했다.

한비자의 생각은 조지 오웰의 소설 『1984』를 연상시킨다. 『1984』는 어두운 미래를 그린 소설로 태어날 때부터 국가에 통제당하며 살아가는 전체주의 국가 오세아니아를 배경으로 삼았다. 텔레스크린을 이용해 모든 사람의 사생활을 감시하고 개인의 자유를 허락하지 않는다. 시스템을 이용해 사람들을 감시한다는 의미로 사용하는 '빅브라더'가 이 소설로부터 유래되었다.

**조지 오웰** 법가의 생각은 들어볼수록 무섭다는 생각이 드는군요. 모든 사상과 언론을 통제하고 백성들의 일거수일투족을 감시하는 건 분명 왕권 강화에 도움을 줬지만, 그것만으로 백성들의 자발적 복종을 이끌 수는 없는 일입니다.

**한비자** 자발적 복종이요? 그것이 나라를 부강시키는 데 어떤 도움이 된단 말씀이죠? 올바름이나 정의는 '법을 따르는 것'에 있지 사람의 선한 마음에 있지 않습니다. 사람은 변하기 마련이지만 법은 변하지 않으니까요. 군주가 강력한 권력을 가져야 안정된 정치가 가능하고 부국강병도 가능하죠. 난 그것이 정치라고 봅니다.

**조지 오웰** 그건 백성을 짓누르기 위한 공포 정치에 불과합니다. 한 사람의 권력을 위해 절대 다수가 희생해야 한단 말입니까. 마음에 안 들면 모두 법대로 처리해도 괜찮다는 의도인가요?

**한비자** 인간적인 면모에만 호소한다고 부국강병이 이뤄지는 건 아니오. 나라를 경영하려면 세금도 잘 거둬야 하고 세금으로 강력한 군대도 양성해야 합니다. 귀족이 왕권에 도전하지 못하게 하고 백성이 불만 없이 왕의 명령에 따라줘야 하지요. 법만 잘 지키면 백성 역시 편히 살 수 있습니다. 잘 먹고 잘사는 대신 권력에 저항하지 않으면 되는 것 아닐까요?

**조지 오웰** 그건 잘 먹고 잘사는 기준을 어디에 두느냐에 따라 다르다고 봅니다. 제가 소설 『1984』를 저술했던 이유는 소수의 권력자가 다수의 대중을 기만하고 통제하려 하는 데 있었습니다. 법가 사상에는 '백성'이 존재하지 않습니다. 통치자 단 한 사람만 중요하죠. 단 한 사람을 위해 수천, 수백만 명이 희생돼야 하는 건 '올바름'이라고 할 수 없어요. 한 사람의 올바름이 절대적 올바름이 되는 것도 문제입니다. 그건 과거에서나 통용되는 일이었겠죠. 진시황의 진나라 역시 30여 년의 시간을 끝으로 역사 속에서 사라졌으니까요.

**한비자** 조지 오웰님의 생각은 충분히 알겠으나, 내가 살던 당시는 고대였으니 오늘날과 단순 비교할 순 없겠죠. 법가가 고대 사회에 공헌한 건 분명히 있습니다.

## — 감시와 통제의 시스템

최근 들어, 중국은 범죄를 예방한다는 취지로 수천만 대에 달하는 감시 카메라를 설치하고 모든 국민의 얼굴을 인식하는 시스템을 도입했다. 물론 효과는 있다. 교통 법규를 어기는 차량이 현저히 줄어들었다. 교통 법규를 어기는 순간 신분이 전광판에 떠법을 어기지 못하게 하기 때문이다.

중국 정부는 마음만 먹으면 감시 카메라를 통해 누가 어디에 살고 어느 곳에 방문하며 어떤 차를 타고 어디에 자주 들르는지 모든 걸 파악할 수 있다.

게다가 인터넷도 철저히 통제하고 감시해 중국 공산당을 비판하거나 해가 되는 정보들을 사전에 차단한다. 물론 교묘하게 이뤄지기 때문에 일상에서 감지하기 어렵다. 대신 중국 정부는 엔터테인먼트를 장려해 사람들의 비판 기능을 마비시키는 정책을 시행하고 있다.

중국 정부에 반하는 행동을 했던 저명인사들이 갑자기 사라지거나 중국 정부를 찬양하는 발언을 해 많은 사람을 놀라게 한 사건들도 있다. 고대 진시황이 현대에 되살아난 느낌이다.

통제와 감시는 비단 중국만의 문제는 아니다. 2013년 스노든은 미국이 미국인뿐만 아니라 전 세계의 주요 인사들을 감시하고 도청한다고 폭로했다. 스노든은 미국에서 체포될 게 두려워 러시아로 망명했다.

스노든에 대한 평가는 둘로 갈린다. 현대 사회의 문제를 고발한 영웅, 미국의 국익을 해친 범죄자. 한 국가의 입장에서 다른 나라의 주요 인사들을 도청하는 건 국가 안보의 위협이 되는 요소들을 제거하는 데 도움을 준다. 하지만 한 개인의 입장 또는 다른 나라 국민의 입장에서 보면 용납할 수 없는 일이다.

감시와 통제는 국가적 차원이나 안보적 차원에서만 이뤄지는 건 아니다. 거대 기업들이 고객의 정보를 수집하는 것 역시 마찬가지다. 고객의 나이, 주거지, 수입, 가족관계, 취향에 이르는 정보들은 기업의 마케팅에 이용된다.

무엇보다 시스템에 기대는 사회의 가장 큰 문제는 시스템 내의 기준에 어긋나지만 않으면 그 어떤 사고나 행위도 문제 되지 않는다는 데 있다.

자칫 인간의 도덕성이나 자율성을 해치는 결과를 낳는다. 시스템을 해치지 않는 한, 아무리 나쁜 짓을 하더라도 도덕적 책임을 물을 수 없다. 감시와 통제가 강화된 사회를 보면, 권력자나 기득권은 감시와 통제를 이용해 사리사욕을 채운다.

시스템이 발달한 현대 사회일수록 감시와 통제가 강화될 수 있다. 이런 통치 방식은 전체주의 사회를 지향한다. 전체주의는 나치즘이나 독재 사회에서만 발생할 수 있는 일이 아니라 민주주의 사회에서도 얼마든지 가능하다. 시민들을 시스템에 길들이거나 시스템 밖으로 삐져나오려 하는 시민들을 억압한다.

인간에게 생각하는 힘이 필요하고, 모두가 '생각하는 인간'이 되어야 하는 이유 중 하나가 바로 여기에 있다. 문명이 발달하고 시스템이 잘 갖춰진 사회일수록 시민의 비판 기능이 약해지거나 사라질 가능성이 있기 때문이다.

회의와 비판이 철학적 사고의 기본이 되어온 건 독단과 독선이라는 개인의 아집에서 벗어나기 위한 목적도 있지만, 사회의 일그러진 부분을 바로잡고 권력을 견제하는 시민으로서의 역할을 다하기 위한 목적도 있다.

—— 법가

**제러미 벤담** 현대 사회에서 사람들은 통제와 감시 사회를 '파놉티
콘'이라고 부릅니다.

**공자** 파놉티콘이요?

**제러미 벤담** 죄수를 감시할 목적으로 설계한 원형 감옥이었죠. 제
가 설계자입니다. 원리는 이렇습니다. 중앙의 원형 공간에 높
은 감시탑을 세우고, 중앙 감시탑 바깥의 원둘레를 따라 죄수
들의 방을 만들었죠. 중앙의 감시탑은 늘 어둡게 하고 죄수
의 방은 밝게 해, 중앙에서 감시하는 감시자의 시선이 어디로
향하는지를 죄수들이 알 수 있게 하고요. 죄수들은 자신이 늘
감시받고 있다는 느낌을 가집니다. 결국 죄수들은 규율과 감
시를 내면화해 스스로 감시하게 되는 원리죠.

**공자** 죄수들을 감시한다는 측면에서는 훌륭한 설계지만 정말 무
시무시한 건축물임엔 틀림없군요. 규율과 감시를 내면화한
다는 점이 인상적이군요. 법가 사상을 받아들여 중국을 통일
한 진나라가 멸망하고, 이후 들어선 한나라가 이를 위해 받아
들인 사상이 바로 유가 사상입니다.

**제러미 벤담** 설마요.

**공자** 한나라에서 유가를 다시 받아들인 것에 바로 '내면화'가 있었
습니다. 규율과 감시의 내면화가 아닌 도덕의 내면화죠. 법가
에서 가져온 법과 관료 시스템은 그대로 두고 유가에서 강조
하는 인과 의 또는 예를 스스로 내면화시켜 도덕적으로 행동

하고 백성 스스로 자신을 검열하게 만든 것이죠. 어른을 공경해야 하고 임금에게 의리를 지켜야 하며 인간은 선하므로 선한 행동을 해야 한다는 생각이 상식이 되면, 지배자 입장에서는 벌을 주거나 강한 법질서를 동원하지 않아도 통치가 가능하기 때문입니다.

**제러미 벤담** 백성 스스로 도덕을 행하고 국가에 헌신하고 임금에게 복종하게 만든 것이군요. 죄수들 스스로 자신을 감시하는 것과 마찬가지겠습니다. 한나라 시대의 유학이야말로 진정 자기 검열의 끝판왕이군요.

**공자** 그래서 제가 원한 이상적인 모습은 아닙니다. 저는 인간이 인격적으로나 정신적으로 성숙해 군자가 되길 원했지, 백성을 효율적으로 통제하기 위해 인과 예를 강조한 건 아니었으니까요.

**제러미 벤담** 오늘날 통제와 감시 사회를 파놉티콘이라고 부르는 것 역시 씁쓸한 일입니다. 그래서 개개인이 스스로 정신을 바짝 차려야 합니다. 회의하고 비판하며 독서하고 정치에 귀 기울여야만 통제와 감시로부터 벗어날 수 있어요. 결국 자유롭게 생각하고 행동하는 게 인간이 가질 수 있는 가장 큰 행복일 테니까요.

# 8장

# 명과 실을 밝혀
# 혼란을 바로잡겠다

_명가

기원전 500년경 태어난 등석자는 명가의 창시자로 모순된 두 가지 주장을 모두 참으로 만드는 '양가론'으로 널리 알려졌다. 기원전 370년경 태어난 혜자는 『장자』에서 장자의 절친이자 훌륭한 대화 상대로 등장하는 인물이기도 하다. 춘추시대 말기 사람인 공손룡자는 "백마는 말이 아니다"라는 유명한 논제의 주인공이다. 궤변론자이지만 뛰어난 논리가였다.

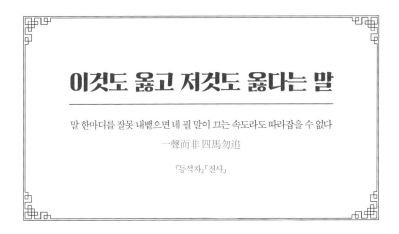

# 이것도 옳고 저것도 옳다는 말

말 한마디를 잘못 내뱉으면 네 필 말이 끄는 속도라도 따라잡을 수 없다

一聲而非 四馬勿追

『등석자』「전사」

세종대왕 재위 당시 18년간 영의정을 지낸 황희의 현명함을 전하는 일화가 있다. 하루는 일을 마치고 돌아오던 황희가 어린 종 둘이 다투는 걸 목격하고선 왜 싸우는지 물었다. 어린 종 하나가 상대방의 잘못으로 싸움이 벌어졌다고 일렀다. 자초지종을 다 들은 황희는 "그래, 네 말이 옳구나." 하며 다독였다. 그러자 다른 종이 억울하다는 듯 변명을 늘어놓았다. 그 말을 다 듣고 난 황희는 "그렇다면 네 말도 맞구나." 하며 둘을 타일러 보냈다.

방 안에서 지켜보던 황희의 부인이 타박하며, "아니, 대감께서는 이것도 옳다 저것도 옳다 하시니 어찌 그러십니까? 옳고 그름을 확실히 밝혀 주셔야죠. 한 나라의 정승께서 사리에 그리 분명치 않아서 어쩌시려고 그럽니까." 하고 말했다. 그러자 황희는 "듣고 보니 부인의 말씀도 맞는 말이오."라고 대답했고 그만 부인도 어이가 없어 웃고 말았다고 한다.

한 사건에 대해 '이것도 맞고 저것도 맞다'면 '모순'이다. 세상에서 가장 날카로운 창과 세상에서 가장 튼튼한 방패가 동시에 존재할 수 없듯, 어떤 한 사건이 참이기도 하고 거짓이기도 한 것은 있을 수 없는 일이다. 이를 모순되는 두 견해가 모두 가능하다는 뜻의 '양가론'이라고 부른다. 양가론에는 이것도 저것도 모두 옳다는 '양시론'과 이것도 저것도 모두 그르다는 '양비론'이 있다.

양가론적 주장을 펼쳤던 이가 춘추시대에도 있었으니, 등석자다. 명가를 개척한 사람으로 인정받는 그는 당시 정나라의 벼슬아치이자 변호사였다. 그는 옳은 걸 그른 것으로, 그른 걸 옳은 것으로 뒤바꾸는 재주가 있었다. 뛰어난 변론가였던 것이다. 소송에 질 만한 사건을 이기게 해주니 많은 사람이 그에게 소송을 맡기고자 했다. 『열자』에서 등석자의 논변론을 두고 "이래도 가능하고 저래도 가능한 두 가지 주장을 제시해 끝을 알 수 없는 논변을 펼친다"고 평가하고 있다.

한 예를 살펴보자. 정나라의 유수(洧水)가 크게 불어나는 바람에 어떤 사람이 물에 빠져 죽었는데, 우연히 한 사람이 시신을 수

습하게 되었다. 가족이 사례를 하며 시신을 인수하려 하자 시신을 수습한 사람이 많은 돈을 요구해 시신 인수가 무산되고 말았다. 이에 가족이 등석자를 찾아가 해결해 달라고 하자, 그는 "걱정하지 마시오. 당신들 외에 시신을 수습할 사람이 없으니 곧 가격을 내릴 것이오."라고 했다. 이번엔 시신을 수습한 사람이 찾아왔다. 등석자는 "걱정하지 마시오. 그들이 다른 데서 시신을 수습해 갈 리 없지 않소?"라고 대답했다.

양가론은 '딜레마' 상황과 유사하다. 딜레마란 두 선택지 사이에서 어느 걸 선택하더라도 곤궁에 빠진다는 의미다. 등석자는 각각에게 적용되는 딜레마 상황을 이용해 양가적 주장을 펼친다.

두 사람에겐 각각 딜레마가 있다. 시신을 인수하는 사람의 입장에서는 장례식을 치러야 하므로 무조건 시신을 인수할 것이고, 시신을 인계하는 사람의 입장에서는 무조건 가족에게 시신을 인계해야 할 것이기 때문이다. 등석자는 두 사람이 각각 처한 딜레마를 이용해 서로 다른 처방을 내렸다.

고전적 딜레마 중 하나인 프로타고라스의 딜레마를 보면 등석자와 유사한 논변을 발견할 수 있다. 프로타고라스가 제자 에우아틀로스에게 변론술을 가르쳤는데, 에우아틀로스가 수업료를 지불하지 않자 프로타고라스가 고발했다.

법정에 선 프로타고라스는 재판에서 이기면 당연히 수업료를 받아야 하고 지더라도 제자가 자신에게 배운 변론을 이용한 것이므로 수업료를 받아야 한다고 주장했다. 에우아틀로스는 프로타고라스의 논리를 역이용해 재판에서 이기면 수업료를 내야 할 필요가 없고 지더라도 변론술을 제대로 배우지 못한 것이니 수업료를 낼 필요가 없다고 주장했다.

어떻게 판결을 내려야 할까. 가장 난감한 이는 판사가 아니었을까. 프로타고라스는 판결과 상관없이 이기든 지든 수업료를 받아야 한다는 입장이고, 에우아틀로스는 판결과 상관없이 이기든 지든 수업료를 주지 않아도 된다는 입장이다.

재판이 필요없는 것처럼 보이는 논리다. 판사가 어떤 판결을 내리든 두 사람은 판사를 비난하거나 잘못된 판결이라며 비판했을 것이다. 그런데, 에우아틀로스가 프로타고라스의 논리를 역이용해 저 정도의 논변을 펼쳤다면 수업은 충분히 성공한 게 아닐까.

**세종** 등석자님은 뛰어난 변론가였지만 삶이 훌륭했다고 보기는 어려운 것 같아요. 옳은 일을 그른 일로, 그른 일을 옳은 일로 만드는 건 현실에서 큰 문제를 일으킵니다. 이득을 봐야 할 사람이 이득을 보지 못하고, 벌을 받아야 할 사람이 벌을 받지 못하는 경우가 생기지 않습니까. 한 나라의 법률을 무용지물로 만드는 건 잘못한 일이지요. 그 뛰어난 변론을 백성을 위한 일에 쓰시지 그러셨어요.

**등석자** 분명 저는 제 뛰어난 변론을 백성을 위해 사용했습니다. 제가 아니었다면 백성들이 그 수많은 소송에서 어떻게 이길 수 있었을까요. 저는 지혜로운 자와 말을 나눌 때는 박식함으로 대하고, 박식한 자와 말을 나눌 때는 달변으로 대하며, 말이 청산유수인 자와 말을 나눌 때는 안정된 태도로 대했습니다. 또한 신분이 높은 자와 말을 나눌 때는 권세로 대하고, 부유한 자와 말을 나눌 때는 호탕함으로 대하며, 가난한 자와 말을 나눌 때는 이익으로 대하고, 천한 자와 말을 나눌 때는 겸손함으로 대하며, 용기 있는 자와 말을 나눌 때는 과감함으로 대하고, 어리석은 자와 말을 나눌 때는 즐거움으로 대했습니다. 이 모든 건 정의를 위한 논변이었죠.

**황희** 말하자면, 말하는 상대에 맞춰 그가 원하는 걸 말하거나 그가 두려워하는 걸 들어 대화해 원하는 걸 얻으셨군요.

**세종** 대화가 얼마나 진실되느냐가 더 중요하지 않을까요.

**등석자** 저는 정나라의 법을 현실에 맞게 고치려 했을 뿐입니다. 법이 거꾸로 가는 상황이었죠. 법을 세워놓고도 사사로이 행동하니 법이 없을 때보다 더 심하고, 임금을 세워놓고도 다른 이를 더 존중하니 임금이 없을 때보다 더 심한 상황이었습니다. 이를 그냥 두고 보라는 말씀입니까.

**황희** 듣고 보니 틀린 말은 아니군요. 정치가 잘못되는 건 대개 정치인들이 사사로운 이익을 앞세우기 때문입니다. 조선 역사상 최고의 성군이자 인류 역사를 통틀어 최고의 천재이신 세종대왕께서는 늘 백성을 돌봤을 뿐이었으니까요. 이런 분이 임금이었다면 등석자님도 그런 언행을 일삼지는 않으셨을 것입니다.

**세종** 과찬이십니다. 그래서 저는 누구나 문자를 쉽게 쓸 수 있도록 한글을 만들었죠. 등석자님이 활동했던 당시에도 그랬겠지만, 조선 시대에도 글을 읽을 수 있는 사람이 많지 않았습니다. 글을 모르니 억울한 일을 당해도 호소할 수가 없었죠. 누구나 글을 쓰고 읽을 수 있다면 그런 일이 줄어들 테니까요. 당시 '한문'은 하나의 정치 권력이었습니다. 저는 백성이 더 잘살길 바랐고 양반들이 전횡을 저지르지 못하게 하려고 했습니다. '한글'은 그런 기능도 일부 담당했다고 봐야겠죠.

**황희** 중국 사람인 등석자님이 계시는 자리라 좀 그렇지만, 그걸 중국 명나라 황제가 좋아할 리 없었으니 문제였죠. 한문 대신 한글을 쓴다는 건 조선 스스로 자주적인 국가임을 내세우는 일이었으니까요. 당시엔 그런 외교적 문제도 심각했습니다.

**등석자** 세상일이 간단치가 않죠. 이것이 옳다고 해도 저쪽에서 그르다고 하면 그만이고, 저것이 그르다고 해도 이쪽에서 그르지 않다고 하면 문제가 갖는 심각성이 달라지기도 합니다. 논리가 꼭 세상을 바꾸진 않지만 논리가 있어 세상을 다르게 바라볼 수도 있습니다. 저나 황희님의 양가론은 그런 의도로 봐야 합니다.

—— 명가

## — 등석자의 논변

등석자는 "말에는 믿음이 있어야 하는데도 신뢰를 저버리거나 말에는 선함이 있어야 함에도 선하게 행동하지 못한다면 자세히 살펴봐야 한다"고 했다. 훌륭한 변론가였던 등석자가 원했던 건 말에 믿음이 있고 선함이 있어야 한다는 것이었다. 반대로 해석해 보면, 당시 사회가 말에 믿음이 없어 신뢰를 저버리는 일이 흔했고 말에 선함이 없어 악한 행동을 하는 경우가 많았다고 볼 수 있다. 등석자의 논변은 그런 현실에 대한 비판에서 시작되었다.

논리정연하다고 해서 삶이 아름다운 건 아니다. 현실은 논리적으로 설명이 불가능하거나 논리만으로 해결할 수 없는 문제들이 많다. 황희의 예에서 보듯 현실 속 문제의 해결은 '따져서 이기는 것'만이 능사는 아니다. 어느 누가 이긴다고 해도 둘 사이의 갈등이 완전히 사라지는 건 아니기 때문이다. 둘의 갈등은 앞으로 더 큰 문제를 일으킬 수 있다.

『레미제라블』 장발장의 경우도 그렇다. 교회의 은촛대를 훔쳐 달아났을 때 그는 딜레마에 빠져 있었을 것이다. 은촛대를 훔쳐 달아났다면 범죄자의 낙인에서 벗어나지 못할 것이다. 은촛대를 훔쳐 달아나지 않았어도 범죄자의 낙인에서 벗어나기 쉽지 않았을 것이다. 그가 은촛대를 훔치든 안 훔치든 그가 범죄자라는 사실에는 변함이 없다.

은촛대를 훔칠까, 훔치지 않을까. 어렵기만 한 선택이다. 범죄자의 낙인에서 벗어나지 못한다는 점 때문에 선택이 어려운 게 아니라 스스로 범죄자의 길로 들어설 수 있다는 점에서 어렵다. 빵을 훔쳤을 때는 배가 너무 고파서였지만 은촛대를 훔칠 때는 은촛대를 탐했을 뿐이라는 범행 동기에서도 큰 차이가 있다.

등석자의 시대에도 많은 이가 장발장처럼 되거나 장발장 취급을 받았을 것이다. 공자보다도 앞선 시대였으니 백성이 겪었을 고통을 짐작할 수 있다. 글도 모르고 말도 잘 못하는 무지렁이 백성에게 등석자의 뛰어난 변론은 마지막 보루가 되었을 수도 있다.

양가론이 부각되었을 뿐 등석자는 올바른 정치에 대해 많은 이야기를 남긴 사상가였다. 허무맹랑하기까지 한 변론의 이면에는 권력자와 그들을 비호하는 위정자들이 만들어놓은 질서에 대한 도전과 조롱이 놓여 있었다.


**빅토르 위고** 장발장이 은촛대를 훔친 건 그의 평생을 따라다니는 원죄였습니다. 신부님이 그를 용서하고 그에게 은식기까지 챙겨주는 선의를 베풀어주셨기에 장발장은 마음속에 남아 있던 일말의 양심을 지켜낼 수 있었죠. 용서가 누군가에겐 구원이기도 합니다.

**등석자** 빵을 훔친 사람이 무슨 죄가 있습니까. 빵을 훔치게 만든 군주에 책임이 있겠지요. 참과 거짓을 명확히 하고 의도와 뜻에 어긋남이 없게 해야 진실을 들을 수 있습니다. 진실을 듣는 게 군주가 해야 할 일이기도 하고요.

**빅토르 위고** 등석자님의 시대도 그랬겠지만 제가 살던 시대도 역시 매우 혼란스러웠습니다. 군주와 귀족들은 호의호식했지만 백성은 굶어 죽고 억울한 일을 당했죠. 저는『레미제라블』을 통해 그 시대를 조명해봤습니다. 장발장은 그 시대의 증인이라고 할 수 있고요. 불행한 시대의 불운한 주인공이라고 해두죠.

**등석자** 제가 변론을 중요시했던 것 역시 정치적 혼란을 틈타 이익을 취하는 무리를 분별해 그들에게 당하지 않게 하기 위해서였죠. 저의 변론 기준을 들어보시면 이해하실 것입니다. 허울 좋은 말뿐인 논변은 들을 이유가 없고 헛된 질문에는 대답할 이유가 없습니다. 대화할 때는 구별을 명확히 해 개념이 서로 섞이지 않게 하고, 참과 거짓을 명확히 해 혼란이 일어나지 않도록 해야 합니다. 또한 의도와 뜻에 서로 어긋남이 없게 해야 하죠. 꾸며댄 말로 변론에 혼란이 일어나게 하거나 의중을 숨긴 말로 주장을 바꾸면 올바른 변론이라고 할 수 없습니다.

**빅토르 위고** 혼란의 시대에 뛰어난 변론으로 사람들을 압도하셨군요. 하지만 변론에는 한계가 있습니다. 프랑스 국민은 말 대신 총칼을 들고 맞서 싸웠습니다. 우린 악명 높은 바스티유 감옥을 습격하고 루이 16세를 왕좌에서 끌어내렸죠. 그 유명한 프랑스 혁명입니다. 프랑스 혁명으로 시민이 나라의 주체가 되는 시대로 나아갈 수 있었습니다. 저의 소설은 그 위대한 국민이 차려놓은 밥상에 숟가락 하나 얹은 격이죠.

**위르겐 하버마스** 현대 사회에 들어오면 등석자님과 같은 논변가가 할 수 있는 일들이 더 늘어납니다. 인간의 의사소통은 토론을 통해 갈등과 문제를 해결하고 서로의 말을 경청해 상호 합의에 이르는 과정으로 이해할 수 있죠. 토론이 가능하려면 참이라고 믿는 사실을 말해야 하고, 토론에 참여하는 모든 사람이 동등한 입장에서 의견을 제시할 수 있어야 합니다. 방금 등석자님이 말씀하신 것 그대로 적용할 수 있죠.

**등석자** 그렇습니다. 말 한마디가 갖는 힘은 매우 크죠. 혁명을 이끄는 사람들의 가슴 울리는 한마디가 시민들의 잠재된 분노를 폭발시켰을 수도 있으니까요. 무엇이 되었든 사람들이 더 좋은 삶을 살게 만드는 세상이 되어야 합니다.

**위르겐 하버마스** 프랑스 혁명과 같은 사건들이 있어 인권이 발전하고 더 민주적인 사회가 될 수 있었습니다. 역사가 한층 더 진보하기 위해서 인간은 열린 자세를 지향해야 하고 상대의 의견에 귀 기울여야 합니다. 인간이 인간을 인간으로 대할 수 있어야 서로를 이해하고 대화가 가능할 수 있기 때문이죠. 그렇게 마련된 공론장에서 민주주의 시민들이 이성적 대화로 문제를 해결하는 모습, 정말 이상적이지 않을까요.

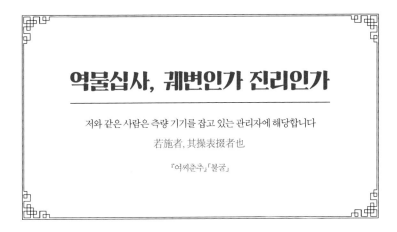

# 역물십사, 궤변인가 진리인가

저와 같은 사람은 측량 기기를 잡고 있는 관리자에 해당합니다

若施者, 其操表掇者也

『여씨춘추』「불굴」

혜자의 사상을 가장 확실하게 확인할 수 있는 건『장자』「천하」의 한 대목이다. '사물을 보는 열 가지 방법'이라는 뜻의 '역물십사'로, 역설적이고 모순으로 가득 찬 열 가지 명제가 등장한다. '명제'란 '주장이 담긴 문장'으로 해석할 수 있겠다. 그런데, 열 가지 명제만 있을 뿐 논증이 없어 해석만 전해진다. '역물십사'를 통해 혜자가 가진 혜안과 논리력을 가늠할 수 있다. 논리학의 대가인 아리스토텔레스와의 대화로 더 쉽게 다가갈 수 있을 것이다.

1) 지극히 큰 건 밖이 없어 대일(大一)이라고 부른다. 지극히 작
은 건 안이 없어 소일(小一)이라고 부른다.

**아리스토텔레스** 지극히 큰 건 밖이 없다, 그렇지요. 지극히 크면 우
주에서 가장 큰 것일 테고, 우주에서 가장 큰 것이라면 우주
그 자체가 될 테니까요. 우주는 무한하고 계속해서 팽창한다
고 하니 지극히 큰 건 그 끝이나 끝이 되는 테두리가 없다고
도 말할 수 있겠군요.

**혜자** 그렇습니다. 지극히 크다는 건 무엇일까요? 도대체 무엇을
두고 '크다'고 말할 수 있을까요. 크다는 건 상대적입니다. 농
구 선수나 배구 선수는 대체로 키가 '크다'고 말하죠. 대부분
의 사람보다 크기 때문입니다. 하지만 그들보다 큰 사람은 얼
마든지 있을 수 있습니다. 물론 인간이 클 수 있는 한계가 있
기에 10m나 20m의 키를 기대할 순 없겠죠. 그렇지만 세상에
서 가장 큰 사람은 얼마든지 나타날 수 있습니다. 그러니 '크
다'라는 기준을 무엇으로 정할 수 있을까요.

**아리스토텔레스** '작다'라는 기준 역시 마찬가지겠군요. 곰보다 사
람이 작고 사람보다 개가 작고 개보다 고양이가 작고 고양이
보다 쥐가 작습니다. 작은 건 계속 생겨나는군요. 어린이가
아빠나 엄마를 두고 세상에서 가장 크다고 말하고 동생을 두
고 세상에서 가장 작다고 말할 수 있으니, 세상에서 가장 큰

── 명가

것이란 말과 기준 그리고 세상에서 가장 작은 것이란 말과 기준도 그저 상대적인 것에 그치겠어요. 현대 물리학에서도 원소를 쪼개고 쪼개고 쪼개다 보니 '지극히 작은 것'이 계속 생겨났죠. 과학 기술이 발달하면 더 작은 것들이 생겨날 테니 혜자님 말처럼 무엇을 두고 '작다'고 말할 수 있는지 모르겠네요.

**혜자** 그렇습니다. 지극히 작은 것도 계속해서 생겨나고 지극히 큰 것도 계속해서 생겨날 수 있으니, 지극히 큰 것에 해당하는 대상도 지극히 작은 것에 해당하는 대상도 언제든 바뀔 수 있겠죠. 이런 맥락에서 '가장 큰 것'과 '가장 작은 것'이란 '이름'은 있지만 가리키는 대상은 존재하지 않는 것과 마찬가지입니다. 논리적으로는 존재하지만 실제로는 존재하지 않는다고 말할 수 있죠. 그래서 지극히 큰 것을 '대일'이라고 부르고 지극히 작은 것을 '소일'이라고 부를 뿐입니다.

2) 두께가 없는 건 쌓을 수 없으나 크기는 천 리에 이른다.

**아리스토텔레스** 두께가 없으면 쌓을 수 없겠죠. 하지만 두께가 없다고 넓이가 없는 건 아니겠네요. 인간의 눈으로 확인할 수 없는 아주 얇은 천이 있는데, 넓이는 지구를 덮을 수도 있겠습니다.

**혜자** 그렇죠. 보통 사람들은 두께가 없으면 넓이도 없다고 여기나 두께가 없어도 넓이가 있을 수 있죠. 반대로 넓이는 없으나 두께가 있을 수 있습니다. 편견에 가로막힌 인간의 관점을 보여주는 것이기도 하죠.

**아리스토텔레스** 공부는 잘하는데 운동은 못한다고 여기거나, 살림은 잘하는데 일은 못한다고 여기거나, 말이 많으니 경솔하다고 여기거나, 말이 없으니 비밀을 잘 지킨다고 여기는 것들도 이런 관점에서 볼 수 있겠어요. 상상력을 더해보면, '발 없는 말이 천 리 간다'라는 한국 속담을 떠올릴 수도 있겠습니다. '소문'은 쌓을 수 없지만 많은 사람의 입을 통해 널리 널리 퍼지니까요. 이것 역시 두께는 없으나 넓이는 있는 사례에 해당하겠네요.

**혜자** 아리스토텔레스님의 상상력이 이렇게 참신할 수 있는지 몰랐습니다. 인간의 마음 역시 마찬가지 아니겠습니까. 인간의 마음은 두께도 넓이도 없지만 인간은 서로의 마음을 알아차릴 수 있습니다. 인간의 사랑 역시 마찬가지 아닐까요. 사랑도 두께도 넓이도 없지만 사랑은 두터워질 수도 있고 널리 퍼질 수도 있으니까요. 큰 사랑도 있고 작은 사랑도 있듯이요.

3) 하늘은 땅만큼 낮고 산은 못만큼 평평하다.

**아리스토텔레스** 현대 과학의 발전으로 이 명제의 의미를 더 잘 이해할 수 있을 거라 봅니다. 우주선에서 지구를 바라보면 이와 같지 않을까요. 하늘이나 땅이나 별 차이가 없겠죠. 인간에게 있어 하늘과 땅 차이는 크지만 우주에서 바라보면 아무런 차이도 없겠군요.

**혜자** 그렇습니다. 하늘과 땅의 높이는 별 차이가 없습니다. 산과 못 역시 마찬가지 아니겠습니까. 높은 우주에서 바라보면 산이나 못이나 평평해 보이긴 마찬가지일 테니까요. 하늘과 땅의 반대로 봐도 될 것입니다. 보통 산은 삐죽삐죽하거나 약간 둥근 형태라고 해도 못처럼 평평하진 않지요. 하지만 산에 올라가면 그곳에도 평평한 곳이 많습니다. 좀 더 잘게 잘게 잘라보면 더 평평하게 보일 수 있는 법이죠.

**아리스토텔레스** 혜자님의 말을 가만히 들어보니 하늘과 땅 차이를 말한 것으로만 볼 수 없는 구석이 있어요. 보통 하늘은 임금을 가리키는 말이니까요. 하늘과 땅이 별 차이 없다는 건 임금이나 백성이나 차이가 없다는 의미가 아닌가요.

**혜자** 그렇게 해석할 수도 있겠군요. 원래부터 신분이 정해져 있는 사람이 어디 있겠습니까. 누구나 나고 병들어 죽는 건 똑같으니까요.

4) 남쪽엔 끝이 없으면서 끝이 있다.


**아리스토텔레스** 지구상의 남쪽에는 남극이 있으니 남극이 남쪽의
끝이 아니던가요. 그런데 어떻게 남쪽에는 끝이 없다고 보시
는지요.

**혜자** 북극과 남극은 인간이 임의로 만든 게 아니겠습니까. 북극을
남극으로 남극을 북극으로 부른다고 문제가 있을까요. 무한
한 우주에서 남쪽이 어디고 북쪽이 어디일까요. 어느 곳을 기
준으로 하느냐에 따라 남쪽은 달라질 수 있으니까요.

**아리스토텔레스** 모순 아닙니까. 분명 혜자님은 남쪽에 끝이 있다
고 말씀하셨는데요.

**혜자** 남쪽으로 남쪽으로 가다 보면 어느 순간 더 갈 데가 없는 곳
에 이를 텐데 그곳이 끝이겠지요. 인간이 '남극'을 '남쪽의 끝'
이라고 정했듯 어딘가를 남쪽의 끝이라고 정하면 그곳이 남
쪽의 끝이 될 테니까요. 인간의 언어란 그런 게 아니겠습니
까. 말을 사용하다 보면 자연스레 정해지는 것도 있고 어느
순간 이것으로 정하자고 하면 그렇게 의미가 확정되기도 하
죠. 한국에도 '땅끝 마을'이 존재하지 않습니까. 그런 것과 마
찬가지겠죠.

**아리스토텔레스** 생각과 언변이 청산유수군요. 마치 장자님과 대화
하는 기분이에요.


296 　　　　　　　　　　　　　　　　　　　　　　　　 —— 명가

5) 나는 천하의 중앙이 어디인지 안다. 연의 북쪽이며 월의 남
쪽이다.


**아리스토텔레스**  천하의 중앙이 연의 북쪽이고 월의 남쪽이라. 연
나라나 월나라가 중요하지 않아 보이는군요. 북쪽과 남쪽 사
이는 늘 '중앙'이 될 테니까요. 혜자님의 화법을 조금은 이해
할 수 있겠는데요?

**혜자**  맞습니다. 연의 북쪽과 월의 남쪽 어딘가가 중앙이라면 '중
앙'에 해당하는 지역은 어느 곳이나 가능하겠죠. 아리스토텔
레스님과 제가 서 있는 사이가 중앙이 될 수도 있으니까요.

**아리스토텔레스**  그렇다면 아무 곳이나 중앙이 될 수 있으니 그곳
이 곧 '중심'이 되겠군요? 듣자 하니 '하늘은 땅만큼 낮고 산
은 못만큼 평평하다'라는 명제와 비슷한 뜻이 담겨 있는 것
같아요. 중앙과 중심이 되는 곳은 결국 임금 아닙니까. 어느
곳이나 중앙이 될 수 있다면 누구나 임금이 될 수 있다는 의
미를 은연중에 드러내는 것으로 보이는데요.

**혜자**  누구나 중앙이 될 수 있고 누구나 중심이 될 수 있다는 의미
입니다. 사람은 누구나 자기중심적이기 때문에 누구나 중심
이 될 수 없는 것이기도 하죠. 모든 사람이 중앙이고 중심이
라면 중앙에 해당하는 사람도 중심에 해당하는 사람도 존재
할 수 없는 법이니까요. 모든 사람에게 인권이 있다는 현대

사회의 가치는 모두가 다 소중하다는 결론으로 나가잖아요?

**아리스토텔레스** 결국 중심이 여러 개가 될 수 있다는 말씀이군요?

**혜자** 그렇죠. 중국은 늘 자국이 세계의 중심이라고 여겨왔습니다. 그런데 고대 그리스인도 자신들이 세상의 중심이라고 여기고, 미국인도 미국이 세계의 중심이라고 여기겠죠. 어느 나라든 마찬가지 아니겠습니까. 누구나 자국이 세계의 중심이라고 여길 테니까요. 그럼 그곳이 지리적으로도 중앙이 되겠죠.

6) 오늘 월나라로 떠나 어제 도착한다.

**아리스토텔레스** 오늘 월나라로 떠나 어제 도착한다는 건 도저히 불가능한 말이 아닌가요?

**혜자** '오늘'과 '어제'라는 기준도 인간이 정한 것 아니겠습니까. 해가 뜨고 달이 뜨는 건 그저 우주의 한 현상일 뿐이죠. 해가 뜨고 해가 지고 달이 뜨고 달이 지는 걸 '하루'의 기준으로 삼은 것도 인간이 한 일입니다. 오늘 월나라로 떠나 어제 도착한다고 해서 뭐가 문제겠습니까.

**아리스토텔레스** 틀린 말은 아니지만 그렇게 한다면 혼란이 오지 않겠습니까. 약속된 뭔가가 있어야 사람들은 그 기준대로 따를 수 있습니다. 정확한 '정의'를 통해 진리를 찾을 수 있거든요.

**혜자**　오늘과 어제의 기준을 정하더라도 문제가 되지 않습니다. 현대에 만들어진 자오선 기준대로 하면, 오늘 한국에서 떠나 영국에 도착하면 어제가 될 수도 있겠죠. 우주선을 타고 하늘로 치솟았다가 한 시간 만에 도착하면 충분히 가능한 일입니다.

**아리스토텔레스**　그럴 수 있겠군요. 국경 역시 가상의 공간이란 의미에서요. 어떤 사람이 국경에 서서 한 발은 이쪽 국가에 다른 발은 저쪽 국가에 딛고 서 있다면, 그는 어느 국가에 서 있는지 말할 수 없는 것과 같은 이치로 볼 수 있겠어요.

**혜자**　정말 좋은 예입니다.


7) 태양은 정오에 이르자마자 기울고 사물은 태어나자마자 죽는다.


**아리스토텔레스**　독특한 명제군요. 태양이 가장 높은 곳에 위치하는 때가 정오입니다. 태양이 진다는 의미죠. 족히 몇 시간이 걸리지만 압축하면 태양이 정오에 이르자마자 기운다고 말할 수 있습니다. 사물 역시 마찬가지입니다. 어떤 사물이든 태어나면 언젠가 죽음을 맞이합니다. 물론 죽기까지 시간은 흐르기 마련이지만 압축하면 사물은 태어나자마자 죽는다고 말할 수 있습니다.

**혜자**　좋은 해석입니다. 아리스토텔레스님. 조금 다른 측면으로 해

석할 수도 있어요. '해가 뜬다'는 사실에는 '해가 진다'는 사실
이 포함되어 있죠. '뜬다'는 표현이 있다면 '진다'는 현상도 있
고, '진다'는 표현이 있으면 '뜬다'는 현상도 있습니다. 마찬가
지로 '태어남'이 있다면 '죽음'이 있고, '죽음'이 있다면 '태어
남'이 있겠죠.


8) 크게 같은 것과 작게 같은 건 다르지만, 같거나 다름의 차이
는 '적다'고 말한다. 만물은 마지막 하나에 이르기까지 같고
마지막 하나에 이르기까지 다르지만, 같거나 다름의 차이는
'크다'고 말한다.


**아리스토텔레스** 알쏭달쏭한 말입니다. 크게 같은 것과 작게 같은
건 분명 큰 차이가 나는데도, 조금 같거나 조금 다르다고 표
현하셨군요. 만물은 마지막 하나에 이르기까지 같고 마지막
하나에 이르기까지 다른데, 많이 같거나 많이 다르다고 보셨
고요. 도무지 알 수 없습니다.

**혜자** 사물을 이루는 기본 물질 차원에서 보면 이 사물과 저 사물
에 큰 차이는 없습니다. 그런 식으로 보면 같고 다름의 차이가
'작다'고 말할 수 있습니다. '지구'를 기준으로 보면 만물은 '지
구에서 발생한 것들'로 묶어 개개의 물질이나 사물들은 마지
막 하나에 이르기까지 하나의 집합으로 볼 수 있겠죠. 반면 물

── 명가

질 하나하나 사물 하나하나를 놓고 보면, 같은 인간이라고 해
도 각각의 특징이 너무나 다르고 같은 원자라고 해도 배열과
조합이 너무나 다릅니다. 같음과 다름이란 차이가 '크다'고 말
할 수 있어요.

9) 연결된 고리는 풀릴 수 있다.

**아리스토텔레스** 연결된 고리는 부수거나 자르지 않고서야 풀릴 수
　　　　없는데 도대체 무슨 말씀을 하시는지 알 수 없군요.

**혜자**　정답입니다. 부수거나 자른다면 풀릴 수 있습니다. 풀기만 하
　　　면 된다면 어떤 방법이든 뭐가 문제겠습니까. 하지 않으려고
　　　하고 원칙대로만 하려고 하면 쉽게 풀 수 있는 문제도 풀기
　　　어려운 문제로 보일 것입니다. '콜럼버스의 달걀'처럼요.

**아리스토텔레스** 현대 수학의 가장 큰 발견 중 하나인 '미분'을 떠올
　　　　리면 되겠군요. 어떤 사물이든 아주 잘게 자를 수 있습니다.
　　　　더 이상 자를 수 없는 초미세 단위에서 이 문제를 바라보면
　　　　어떨까요. 초미세 단위들이 모이고 모여 고리를 이루고 있는
　　　　셈이니 틈으로 연결된 고리는 풀릴 수 있습니다.

**혜자**　그것 역시 멋진 생각이에요!

10) 만물을 사랑하라. 하늘과 땅은 한 몸이다.

**아리스토텔레스**  하늘과 땅이 한 몸이라. 묵자님의 사상과 비슷한 데요?

**혜자**  묵자님이면 어떻고 공자님이면 어떻습니까. 만물을 사랑하는 데 있어 신분이나 사상이 무슨 상관이겠습니까. 종교나 국적이 무슨 이유가 될까요?

**아리스토텔레스**  인간의 입장에서 하늘과 땅이라는 가치 구분을 하지만 우주적 차원에서 보면 하늘이 땅이 되고 땅이 하늘이 되기도 하니까요.

**혜자**  '천동설'을 주장했던 아리스토텔레스님이 이런 견해를 밝히다니, 하늘이 땅이 되고 땅이 하늘이 될 일이군요!

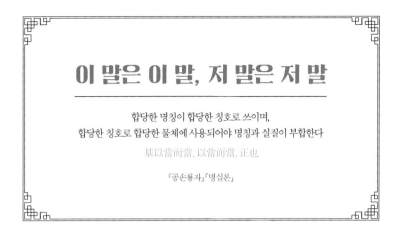

# 이 말은 이 말, 저 말은 저 말

합당한 명칭이 합당한 칭호로 쓰이며,
합당한 칭호로 합당한 물체에 사용되어야 명칭과 실질이 부합한다

其以當而當, 以當而當, 正也

『공손룡자』「명실론」

트로이 전쟁의 주연이자 고대 그리스의 영웅 중 하나인 아킬레우스가 거북이랑 경주를 하면 누가 이길까. '아킬레스건'이라는 근육의 이름이 붙은 만큼 신에게 축복받은 운동 능력을 지닌 아킬레우스가 거북이에게 질 리가 있을까.

대다수 사람은 이 경기에서 아킬레우스의 승리를 점칠 것이다. 아킬레우스가 아닌 보통 사람이어도 거북이를 따라잡는 건 식은 죽 먹기다. 그런데, 제논에 따르면 아킬레우스는 거북이를 결코 따라잡을 수 없다. 더욱이 이를 반박하기도 어렵다.

경주는 아킬레우스가 거북이랑 1천m 경주를 하는데 거북이가 100m 앞서 출발한다는 조건이다. 그리고 두 선수는 일정한 속도로 달린다. 아킬레우스는 1초에 10m, 거북이는 1초에 1m를 달린다는 가정이다. 총성이 울리고 아킬레우스가 출발선에서 100m를 달리면, 100m 앞서 출발했던 거북이는 아킬레우스보다 10m 앞선 110m 지점에 도달한다. 아킬레우스는 거북이와의 거리를 1/10으로 줄인 셈이다. 1초 만에 1/10으로 거리를 줄였으니 추월은 식은 죽 먹기처럼 보일 것이다.

그러나 제논에 따르면 아킬레우스가 10m를 더 달리면 거북이는 1m를 더 달려 아킬레우스보다 앞서 있다. 또다시 아킬레우스가 1m를 더 달리면 거북이는 10cm를 더 달려 아킬레우스보다 간발의 차로 앞선다. 이렇게 매초마다 1/10으로 거리가 줄어들지만 아킬레우스와 거북이의 격차는 미세하게나마 유지된다. 그것이 무한대로 늘어난다고 해도 아킬레우스는 거북이를 절대 추월할 수 없다. 0.00001mm일지 몰라도 거북이는 계속해서 아킬레우스를 앞선다는 논리다. 그 유명한 '제논의 역설'이다.

제논의 역설은 스승 파르메니데스 논변을 옹호하기 위한 것에서 비롯되었다. 고대 그리스 철학자 중 한 사람인 파르메니데스는 '모든 존재는 하나'라고 주장했다. 이 세상에 존재하는 모든 건 따로 존재하는 듯 보이지만 하나의 존재다. 식물이 꽃과 줄기와 뿌리로 이어졌지만 '식물'이라는 점에서 하나듯, 돌과 나무와

──명가

사람과 짐승이 있지만 그들은 지구에서 태어났다는 점에서 하나라는 논리다. 파르메니데스는 모든 존재가 하나이므로 '운동(움직임)'이 있을 수 없다고 주장했다.

'아킬레우스와 거북이의 달리기 경주'의 역설 또한 사물의 운동을 고려하지 않았기에 가능한 논리다. 하지만 제논의 역설을 논파하기는 쉽지 않고 논리적으로 풀어내는 건 더욱 어렵다. 당시 사람들뿐만 아니라 이후의 사람들에게도 마찬가지였을 것이다.

다행스럽게도 수학의 발전으로 역설의 문제는 간단히(?) 해결할 수 있었다. 다만 수학으로는 간단할지 모르나 수학에 재능이 없는 이들에겐 이 간단한 해결이 어려울 것이다.

제논의 역설 이후 2천여 년의 시간이 흐른 후, 제논의 역설은 '무한등비급수'라는 수학 개념에 의해 잘못되었다는 게 밝혀진다. 아킬레우스가 거북이를 따라잡는 건 분명하다. 그런데 왜 제논의 역설이 참으로 보일까? 시간을 고려하지 않았기 때문이다.

제논은 거리를 무한정으로 자른 '무한'의 개념을 설정했지만 시간의 개념은 무시했다. 아킬레우스가 거북이가 있던 위치에 도달하는 시간은 달리기를 할수록 더 짧아진다. 무한등비급수에 따라 계산하면 정확히 11.1초에 아킬레우스는 거북이를 앞선다.

**공손룡자** 궤변이긴 하지만 논리를 잘 활용한 사례군요. 고대 그리스에도 그런 논리가 발전했다니 놀랍습니다.

**제논** 고대 그리스는 논리뿐만 아니라 정치, 예술, 문화, 군사 측면에서 놀라운 발전을 이룩했던 시대요. 모른다고 부정하다니 바람직하지 못하군요.

**공손룡자** 내가 모르면 없는 것과 마찬가지 아니겠소? 그리스에 대해 들어본 적이 없다면 그리스가 없다 해도 뭐가 문제일까요.

**제논** 모른다고 대상이 사라지는 건 아니지 않습니까. 그리스를 모른다고 그리스가 없는 것도 아니고 그리스가 사라지는 것도 아니지요.

**공손룡자** 눈을 감았다고 해봅시다. 눈앞에 있던 물건이 더 이상 보이지 않겠지요? 그러면 그 물건은 있는 걸까요, 없는 걸까요.

**제논** 있기도 하고, 없기도 하죠.

**공손룡자** 그렇습니다. 있기도 하고 없기도 하죠. 마찬가지로 그리스는 있는 것이기도 하고 없는 것이기도 합니다. 나는 그리스에 대해 모르니 그리스가 없는 것이고, 제논님은 그리스에 대해 잘 아니까 그리스가 있는 것이겠죠.

**제논** 후후. 알겠습니다. 재밌는 논리군요. 듣던 대로 공손룡자님의 지성을 느낄 수 있었습니다. 고대 중국에도 논리를 활용해 주장했던 '명가'라는 학파가 있었다고 해서 참으로 놀라웠습니다.

**공손룡자** 저 역시 제논님의 명성을 잘 알고 있습니다. 그리스의 소피스트라는 지식인들에 대해서도요. 참으로 신기한 일입니다. 비슷한 시기에 비슷한 방식으로 발전한 사상이 있다니요. 개인적으로 아쉬운 부분이 있다면, 중국을 비롯한 동양에선 논리가 학문의 차원으로 발전하지 못했다는 것입니다. 학문적으로 더 발전했다면 더 다채로운 생각들이 퍼졌을 텐데요.

**제논** 그렇다고 동양에 논리가 없는 건 아니지 않습니까. 동양의 철학자들이 논리 너머의 진실을 전하고자 노력했다는 사실을 잘 알고 있습니다. 각자의 방식대로 생각을 펼치다 보니 나름의 개성과 독특함이 생겨날 수 있었을 것입니다.

## ― 공손룡자의 논리

공손룡자는 명가 사람들 중 가장 유명하다. 제논이 아킬레우스가 거북이를 따라잡을 수 없다고 했던 것처럼, '백마비마' 즉 '백마는 말이 아니다'라며 많은 사람을 혼란에 빠뜨렸다.

그의 논변을 살펴보자. 우선 '백마'와 '마'가 다르다고 주장했다. '백마'와 '마'가 분명 다르기에 공손룡자의 논리에 문제가 없어 보인다. 『백마론』에 나온 그의 주장을 들어보자.

**반론자** 백마는 말(馬)이 아니라고 했는데, 그게 말이 됩니까.

**공손룡자** 말이 되는 이야기지요.

**반론자** 어떻게 그렇지요?

**공손룡자**  '말'은 '형태'에 따라 이름 붙인 것인데 비해 '백(흰)'은 '색'
에 따라 이름 붙인 것입니다. 색깔에 따라 이름 붙인 '백'이 형
태에 따라 이름 붙인 '말'과 어떻게 같을 수 있을까요. 그러므
로 '백마'는 '말'이 아닙니다.

공손룡자의 논리에 따르면 '백마'의 '백'은 '색'을 기준으로 이름
붙인 것이다. 백마도 말을 가리키고 마(馬)도 말을 가리키는데 둘
이 서로 다르다고 주장하는 건 '현실'과는 전혀 관계가 없다. 현실
에서는 백마든 흑마든 똑같은 말이기 때문이다. 한 글자, 한 글자
뜻이 담긴 한자어의 특성에서 기인할 수 있다. 한자에서 '백마'는
'백'과 '말'이 합쳐진 글자다. 백마는 '백'이라는 색과 '마'라는 형태
로 분리가 가능한 것이다.

**반론자**  백마가 있는데 말이 있다고 말할 수 없다면 흰색을 떼고 말
해야 하는 것입니다. 흰색을 떼지 않으면 백마를 말이라고 할
수 없겠죠. '말이 있다'고 말하고자 하면 색깔을 뗀 말만 가리
킵니다. 이 경우 백마를 가리켜 말이라고 할 수 없습니다. 그
러므로 말이 있다고 말하고자 하면 백마는 말에서 제외해야
하므로 말을 가리켜 말이라고 할 수 없습니다.

**공손룡자**  '흰색'이라고 말할 때는 흰색을 담은 사물이 없어도 자체
로 '흰색'이라고 말할 수 있습니다. 하지만 '백마'를 말할 때는

—— 명가

흰색을 담은 사물을 딱 가리키는 경우입니다. 따라서 이 경우 백마의 흰색은 흰색이라고 말할 수 없습니다. '말'이라는 사물 자체는 색을 덧붙이거나 없앨 수 없습니다. 황마와 흑마에 적용해보면 황마는 황마이고 흑마는 흑마일 뿐입니다. 백마를 가리키고자 하면 황마나 흑마 모두 색깔을 기준으로 제거해야 하는 대상이므로 오직 백마만 해당합니다. 결국 색깔을 제거하지 않은 건 색을 제거한 게 아닙니다. 따라서 백마는 말이 아닙니다.

백마는 백마고 황마는 황마며 흑마는 흑마다. 말은 말일 뿐이다. 말은 백마가 아니고 말은 황마도 아니고 말은 흑마도 아니다. 말은 그저 말이다. 이것이 공손룡자의 논리다.

**공자** 공손룡자님은 『장자』 「추수」에서 스스로를 평하죠. "나는 다른 개념과 같은 개념을 한데 합치기도 하고, 한데 붙어 있는 개념을 따로 떼어놓기도 한다. 옳지 못한 걸 옳은 것으로 불가능한 걸 가능한 것으로 만들어 모든 이가 알고 있는 걸 혼란에 빠뜨리기도 한다." 왜 이런 방식의 논리를 펼쳤는지요?

**공손룡자** 『장자』에 나타난 것처럼, 저는 개념을 정의해 이 개념과 저 개념을 뒤섞기도 하고 갈라놓기도 합니다. 세상이 이미 이 개념과 저 개념을 뒤섞여 사용하고 이 개념과 저 개념을 갈라놓고 사용하는데, 제가 뒤섞고 갈라놓는다고 뭐가 문제인가요? 사람들은 자기에게 이익이 되면 말 바꾸기를 서슴지 않고 세상 모든 걸 차지하려고 다투는데요.

**공자** 그렇지만 공손룡자님의 태도는 이미 혼란스러운 세상에 혼란함을 얹는 것과 같습니다. 사람들을 혹세무민하는 일인지도 모릅니다. 공손룡자님은 궤변을 늘어놓고 있어요.

**공손룡자** 궤변이 어때서요? 공자님께서 이 세상을 훈계해 가르쳤듯 저는 논리를 이용해 현실의 부조리를 비꼰 것에 불과합니다. 고대 그리스에서는 민주주의가 발전하고 토론할 기회가 많아지면서 정치에 진출할 기회가 늘어났고, '언변'이 중요해졌습니다. 소피스트는 정치에 진출하는 사람들을 위해 일종의 가정교사 역할을 했고, 사람들에게 토론하는 기술을 가르쳤습니다. 그러다 보니 상식에서 벗어난 논리를 개발하기도 했지만 그 또한 의미 있는 일입니다. 중국에서 논리학이 발전했다면 저의 논리는 매우 중요하게 다뤄졌을 것입니다.

**공자** 중국에서 논리학이 발전하지 못했던 건 안타깝지만 저는 궤변이 세상을 바꿔놓지는 못한다고 생각해요. 진실한 말과 행동이 사람들을 바꾸죠.

**공손룡자** 그렇다 해도 누군가는 거짓을 말하고 사람들을 속이기 마련이죠. 사람은 쉽게 변하지 않습니다. 그랬다면 이미 좋은 세상이 왔겠죠.

310

공손룡자의 논리에는 당시 서로 먹고 먹히는 약육강식의 정치에 대한 우회적인 비판이 담겨 있다. 백마는 백마고 흑마는 흑마며 말은 말이다. 현실에 비유하면 갑국은 갑국이고 을국은 을국이며 병국은 병국이다. 갑국이 을국이 될 수 없고 을국이 병국이 될 수 없으며 병국이 갑국이 될 수 없다. 하지만 현실에서는 을국을 갑국으로 병국을 을국으로 갑국을 병국으로 만드려는 일이 숱하게 일어난다. 국가와 국가뿐 아니라 임금과 신하 사이에서도 서로를 헐뜯는 일은 얼마든지 일어날 수 있다.

공손룡자는 서로를 그냥 놔두고 각자의 일에 충실하면 나라가 잘 돌아갈 거라고 봤다. 『여씨춘추』에서 조나라 혜왕이 언병(휴전) 전략을 펼친 지 10년이 되었지만 전쟁을 멈출 수 없는 것인지 물었다. 그러자 공손룡자는 "언병의 의미는 천하를 두루 사랑하는 마음입니다. 천하를 두루 사랑하기 위해서는 이름으로만 해서는 안 되고 실질이 뒤따라야 합니다."라고 답했다. 입으로만 평화를 외치지 말고 진정 마음으로 평화를 실천해야 평화가 뒤따른다는 의미다. 수천 년 동안 사랑과 평화를 외치지만 이뤄지기 힘든 이유도 이와 같지 않을까.

# 어른이 되어 다시 만나는 철학

**초판 1쇄 발행** 2022년 6월 28일

**지은이** 김대근
**펴낸곳** 믹스커피
**펴낸이** 오운영
**경영총괄** 박종명
**편집** 김형욱 최윤정 이광민 양희준
**디자인** 이영재 윤지예
**마케팅** 문준영 이지은 박미애
**등록번호** 제2018-000146호(2018년 1월 23일)
**주소** 04091 서울시 마포구 토정로 222 한국출판콘텐츠센터 319호 (신수동)
**전화** (02)719-7735 | **팩스** (02)719-7736
**이메일** onobooks2018@naver.com | **블로그** blog.naver.com/onobooks2018

**값** 17,000원
**ISBN** 979-11-7043-319-4 03150